天下文化

BELIEVE IN READING

Myself and Other More
Important Matters

# 編者附言

當代著名的英國思想家查爾斯．韓第（Charles Handy）著述豐富。天下文化曾先後出版過他的十一本著作。經過嚴格的挑選，將四本經典改版，呈顯出二十年來他思考的軌跡。

一、《覺醒的年代》（一九九四）
二、《大象與跳蚤》（二〇〇二）
三、《你拿什麼定義自己》（二〇〇六）
四、《第二曲線》（二〇一五）

同時推出他的最新著作：《你是誰，比你做什麼更重要：英國管理大師韓第寫給你的21封信》（*21 Letters on Life and Its Challenges*）。我們將他前後的五本著作合成「韓第專輯」，減少讀者遺珠之憾，並邀請與他相知甚深的高希均教授主筆導讀。

總導讀

# 英國韓第大師的思潮縮影
## ——展開「閱讀韓第」心靈之旅

美國威斯康辛大學榮譽教授　高希均

### (一)英格蘭小鎮的田園景色

「從我寫作的房間可以遠眺英格蘭東部的田野與森林。這真是抒情詩一般的田園景致,只等待後代如康斯塔伯(John Constable,;英國畫家)般的畫家用油彩把它捕捉下來。看著古老的照片,你會覺得眼前的景色跟一百年前一模一樣,有些事物是不會變的。」

是這段話的引誘,使我要去探訪這個景色。十七年前(二〇〇三)的九月下旬，從倫敦坐火車出發，一個半小時後，到達了這座田園之美的小鎮諾福克（Norfolk）。迎接我的，就是主人韓第夫婦（Charles and Elizabeth Handy）。

坐在那一大片落地窗的書房中，望著窗外那無邊的田野與綿延的森林，那是一種人生的美；討論著伊拉克的砲火與落後地區的貧窮，那是一種現實的痛。韓第不是一個悲觀主義者，他以歐盟為例，指出「經濟繁榮代替了戰爭夢魘」。他驕傲的說：「我不只是愛爾蘭人、英國人，我是歐洲人。」

韓第先生親自下廚，豐盛的午餐後，夫人端出她調製的愛爾蘭咖啡，話題轉到他的寫作計畫，他走近書桌，拿出一疊稿件，微笑的給我：「這是我不久前為BBC每週一次所播講的手稿，尚未出版過。它們是討論當前世界上十三位重要的管理大師。如果你覺得合適，可以譯成中文出版。」

這樣的驚喜，是他送給「天下文化」以及華文世界讀者最珍貴的禮物。一年後以《大師論大師》在台北首印出版。

## （二）韓第比政府更能改變世界

年已八十八歲的韓第，他晚年的聲譽始終未減。他近二十本著作、《哈佛商業評論》的文章、BBC的廣播評論、重要的主題演講，使他贏得了大西洋兩岸的讚賞。他曾在二〇〇二年十一月應「天下文化」及「遠見」之邀專程來台演講，引起了熱烈的迴響。

學術界與媒體常用各種稱呼表達對他的尊敬：「企業思想家」、「出色的教授」、「真正內行的專家」，還有人尊稱他是「英國的國寶」。我猜想他歡喜被稱為「社會哲學家」或「組織行為專家」。

對他的最大讚賞應當是：「在現實生活中，韓第比政府更能改變這個世界。」

韓第的一生充滿了豐富的經歷：愛爾蘭都柏林牧師家庭的童年、牛津攻讀，進入在新加坡的皇家殼牌石油公司，期間又去美國MIT讀管理，嚮往大企業（亦即大象）所提供的安定與舒適，曾在倫敦商學院任教，最後終在四十九歲，下定決心脫離大象，做一個獨立工作者（亦即跳蚤）。

面對網路世界，英國《經濟學人》列舉了十項「管理要領」：速度、人才、開放、合作、紀律、溝通良好、內容管理、關注客戶、知識管理、以身作則。

韓第感慨的說：「這不正是我過去三十年來一再強調的嗎？」知道這些不難，要徹底執行就不容易。

## （三）「財富正義」密不可分

晚年的著述是揉合了市場經濟、企業文化與人道觀點，低聲的在提倡營利，大聲的在鼓吹對人的尊重。從他那典雅與親切的文字中，浮現出的是一位溫和、理性、熱情、博愛的愛爾蘭理想主義者，而非冷漠自負的倫敦紳士。近年來他一直在探討：什麼樣的工作方式與生活方式是最適合二十一世紀的社會？

近年的著述中，他又提出了值得大家深思的論點：

(1)提升關懷的文化：不能只顧一己之私，要愛人如己。
(2)共擁一套道德標準：沒有這樣的道德標準作後盾，法律很難有效執行。
(3)改變世界：以各種方式來詮釋這個世界是不夠的，必須在實質上大家共同努力來改變它。
(4)按自己認為正確的方式生活，然後快樂的活著。
(5)終身學習，變中求好。

二〇〇二年五月韓第先生在道賀「天下文化」二十週年的文章中指出：美國九一一悲劇後，使他更相信：「商業的本質不只是商業……，企業要獲得民眾的尊敬，民眾要知道企業不只是在為自己奮鬥，也在為社會努力。如果不能達到這樣的境界，資本主義必然會喪失人們的信心，走向失敗之途。」（全文參見《遠見雜誌》二〇〇二年六月一日，頁四十四－四十六）。韓第在西方社會一生的體驗再度說明：個人的自由與獨立，是與財富的分享與社會正義密不可分。

「天下文化」近四十年來出版了四千餘種書，特別挑選組合了韓第的五本著作，就是希望全球華文讀者能夠揉合東西方思維，在當前新冠病毒蔓延，全球化受到挫折與質疑聲中，冷靜的思考一種前瞻、樂觀、合作、正義的理念。

誠品創辦人吳清友對韓第有深刻的評述。「韓第大多論及know why，而少談know how。我有次與童子賢先生閒談，他說他發現許多最高決策往往不是商業決策，而是哲學議題。」

吳清友先生在推薦經典書籍時常寫著：

我在青壯年正想鵬程萬里的時候讀，
我在經營誠品虧損不堪的年代讀，
我也在病痛苦悶的時光中讀，
閱讀是永恆的，閱讀是私密的，
是不同生命情境時刻的心靈知音。

那麼我們就鬧中取靜，擺脫手機，展開「閱讀韓第」的心靈之旅。

韓第在西方社會一生的體驗使他相信：個人的自由與獨立，要與財富的分享、社會的正義相互平衡。

韓第不僅是管理大師，更是傳統思維的解放者，追求人類和諧相處的人道主義者。

# 第一章
# 你真的知道你是誰嗎？

幾年前有一天，我在幫太太布置她的印度花園攝影展場地，有個一直在觀賞照片的男人走近我，他說：「我聽說韓第也在場。」「他的確在，」我回答，「我就是韓第。」他半信半疑的看了我一會兒，才說：「你確定嗎？」問得好，我告訴他，因為隨著時間流轉，韓第有過好多個版本，並不是每一個版本我都特別引以為榮。

例如，那個害羞的盎格魯愛爾蘭（Anglo-Irish）小男生，在愛爾蘭鄉下的牧師宅邸長大，後來碰巧進了牛津，成為有些虛假的古典學者；又如那個殼牌石油公司（Shell）的主管，在婆羅洲的河流和叢林裡掙扎，他想脫離那些早年的影響，進入更加刺激的世界，一個旅行、金錢、權力的世界，在他的想像中，商業世界可以為他帶來那一切。而我後來發現，自己並不想當那個韓第。有好多年我一直不明白自己想當什麼樣的人，但是，韓第教授比較接近了，因為教書和講道是我所繼承的部分傳統，雖然我想盡辦法去忽視，卻沒有成功。

對某些人來說，我會永遠是英國國家廣播公司（BBC）《今天》（*Today*）

節目裡〈今日思考〉（Thought of the Day）單元的那個聲音。也有些人只知道一個叫韓第的管理大師，不少人以為他是美國人，一如商業界多數所謂的管理大師。至於我的孩子，我想他們會認為我是個好心腸、但有點不切實際的老爸，廚藝也很不賴；而我的太太呢，她見過我扮演的絕大部分角色，恐怕比我更清楚這個集大成的韓第很複雜，同時還在繼續演化中。今天的這個韓第是六十幾歲才浮現的，誰曉得將來還會不會有另一個版本。在一個人死之前，誰都不能論斷他過得圓不圓滿、實現了自我沒有。

## 生命就像一個八斗櫃

身分（identity）是個謎樣的主題。我老是被自己的照片嚇一跳。那不是每天早上鏡子裡的我，鏡中的人看起來更仁慈，而且真的不騙你，要比照片裡的白髮老先生年輕。要像別人看我們那樣看自己，並不容易。就算是商業界現在採用的三百六十度評估，雖然聽來駭人，頂多也只能透露一個斜角取景的真相。有個朋友曾經把自己的生活形容為威靈頓斗櫃（Wellington chest），那是堆疊八個抽屜的高腳櫃，他說，每個抽屜代表生命的一角，對他的全貌提供不同角度的一瞥。而且，其中有個抽屜是鎖上的，外人見不到內容，還有一個抽屜是連自己也打不開的，那就是他的下意識。

這時候我想起早年在探索社會心理學時學到的「喬哈利之窗」（Johari window），名稱來自創造這個圖的兩位教授名字，喬（Joe）和哈利（Harry）。方形的窗框隔成四個象限或窗格，個別標示為A、B、C、D。（見圖1）

整扇窗代表的是你這個人：別人看到的你，和你看到的自己。別人從窗子的一側看你，而你則從窗子的下面看自己。窗格間的分隔很厚，視線無法穿透，因此沒有人能看見完整的你。他人所見的你，是A和D兩個窗格代表的部分，B和C是看不到的。你看到的則是C和D，但是看不到A或B。換句話說，你的D窗格那一面是所有人都知道的，而C是只有你曉得的，至於B，卻是對任何人都不

圖1

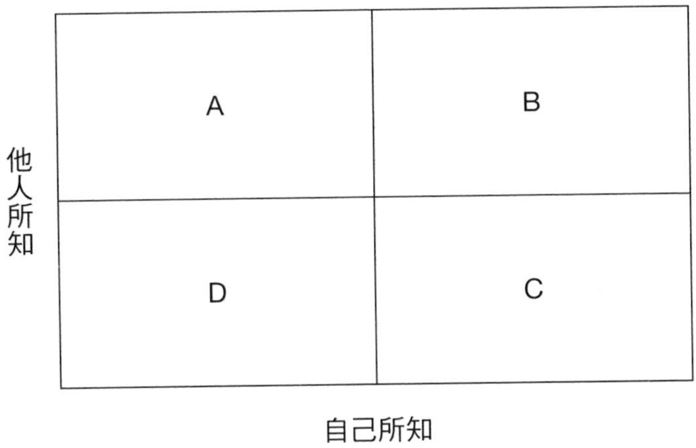


開放。喬和哈利認為，假如你能使D窗格的面積盡量擴大，你就更能成為充分發揮功能的人。

我不相信會有那種可能。正如莎士比亞說：「一個人在他的時間內扮演多種角色。」不過在當今這個時代，不同的扮相不但是先後演出，也得同時穿插扮演。現在的我不只和年輕的韓第不一樣，換個地方、換個團體，也都不一樣。那麼我還是不是同一個人？把觀察我的人搞糊塗了不算，是不是連自己也糊塗了？

前不久，我和太太有機會拜訪印度

德里一家電話客服中心。他們接聽美國線上（AOL）和戴爾電腦（Dell）的美國顧客電話，負責解答疑難問題。當時是德里時間的中午，這家中心幾乎空無一人，因為美國還在夜裡。中心的主要工作人員都在傍晚抵達，他們會換下印度服裝，穿上西式服裝，使用美國名字，而且盡自己能力去模仿美國口音說話。公司鼓勵員工在閒暇時看美國肥皂劇，熟悉美式俚語，這一切都是為了讓打電話來的顧客覺得比較容易溝通，說不定還以為自己打電話到美國堪薩斯，而非德里。

我們離開時，心中仍對這個雙重生活的要求感到吃驚。究竟這些員工是怎麼應付白天是印度人、晚上是美國人的變化？我們倆互相說道，難怪很少人在這裡工作超過兩三年，即使薪水不錯。然後，我開始反思自己在企業和其他組織的生活。我不是也一樣，在走進某個組織的辦公室前，已經換了服裝、改變態度，變成家人不知道的韓第？或多或少，我們全都得向環境看齊。

## 連自己都覺得是陌生人

這一點，我的攝影師太太伊麗莎白是用「拼接」（joiner）的人像攝影來說明的。她要求被拍的人擺出兩三個不同的姿態，穿著不同的衣服，或做不同的事情，以反映生活中的不同角色；不過，布景只有一個。拿她在廚房拍的自拍照來說，我們看到她是攝影師，也是站在爐子旁的廚師，又是坐在電腦後面當我的經紀人。然後她把這些影像拼接，看起來房間裡好像有三個不同的人，但全都是同一個人。這樣的拼接法創造出耐人尋味的意涵。由於所有影像都從一個固定的位置取景，但是被拍的人出現在房間的不同地方，愈接近照相機，影像就顯得愈大。她會問模特兒：「在你的不同身分當中，哪個最接近你自己？」這個問題往往很難回答，但在她的自拍照裡，她卻毫無困難的回答這個問題。攝影師伊麗莎白自豪的站在最前方，背景裡一個小小的伊麗莎白偏著頭面對電腦，還有一個稍微大一點的伊麗莎白正在爐子邊準備家人的晚餐。

當別人看著這些人像照片時，我有時候會問他們：如果伊麗莎白要替你拍照，你會挑選自己的哪三個形象？哪個會放在最前面？你的選擇會隨時間而改變嗎？別人會同意你放的位置嗎？以我自己來說，今天最突出的形象會是寫作的我，拿著一本書坐在書桌前，或搔著頭在想要寫什麼東西。幾年前伊麗莎白替我拍照時，這三個形象她全用了。我不算太滿意，因為那好像在說，寫作的我是唯一的我。我想要加上自己手拿炒菜鍋的下廚模樣，或是手中拿著酒瓶，和家人圍著滿桌食物而坐。再早十年，我會加上自己參加商業會議的模樣，因為當年我除了思考者的角色之外，還想成為行動者，還很盼望自己能接近某些大人物。假使伊麗莎白每十年左右就給我來一次這樣的人像攝影，必然能鮮明的描繪我的人生進程，以及由各種不同角色所組成的演化中的韓第。

每次伊麗莎白受人委託拍攝人像，她都會要他們從列印的樣張中選出幾張最喜歡的照片。有意思的是，他們的選擇要看照片是給什麼人而定。有個年輕女子選了四張，張張都很不同。她解釋道，其中一張要給父親；相片裡的她有種童稚的天真，很不像她為母親挑選的那張照片，看上去是個能幹的專業人士，身旁是她的電腦。還有一張是為情人擺的姿態，給人的感覺很溫柔、很感性。最後一張是她留給自己的照片，臉上帶著追尋和探詢的表情，認真卻又充滿不確定。在每種關係中，她看到的自己都不同。哪個是真正的她？可能全都是，但是沒有幾個人會看到一個以上的她。而且，說不定還有更多可能的形象是連她自己也不知道的。正如喬哈利之窗所展示的，我們連自己都是陌生人。

## 為什麼在生活中不敢做的事，在商場上卻做得出來？

英國每年有一個帶女兒上班的日子，父母可以帶年幼的女兒去辦公室，見識、感受一下外面的世界，孩子也能見到爸媽的另一面。「媽咪，爸爸在那裡可是個大人物呢。」我聽過一個女兒回家時這麼說，這句話傳達出許多言外之意。職場的獅子王常是家中的小貓咪，反之亦然。我們往往和德里電話客服中心的員工沒有兩樣，一人兼具兩個面向。

這有什麼大不了的？可能有。道德上有個大謎團是，在個人生活中連作夢都不敢做的事，為什麼在商場上卻做得出來，以及這兩者間的矛盾所引發的困惑。許多人已經發現，和朋友或親人共事是步步地雷，因為公私領域出現重疊。你會全面接受朋友的一切，包括他的怪癖、缺點、技能、天賦。不管好壞，他們就是他們。可是這在職場上卻行不通。身為他們的主管或同事，你會覺得必須設法改變他們，甚至要求他們離開。

曾經有個經營慈善機構的朋友找我幫他解決管理上的問題。這個機構的理事會正式聘用我為顧問，我花了四個禮拜的時間跟所有資深員工面談。到了面談期間的尾聲，我發現情勢十分清楚，問題出在我朋友身上，他疏遠、難以親近的管理風格，製造不信任的氣氛，阻撓所有工作的進行。我私下邀他共進晚餐，告訴他我的想法，建議他可以從某些實際事務著手，改進情況。他不情願的點頭同意，我為自己圓滿完成一樁棘手的任務感到自豪，但我得意的太早。隔週他在理事會上辭職，並把我痛批了一頓，說我散播歧見，使他無法繼續待下去。

我們難過又迷惑，再次請他們夫妻來吃晚餐，可是他明白表示，用的是帶有宗教意味的詞語，說他再也不願意和我「擘餅」而食。

從此以後，我下定決心永遠不為朋友工作、不和朋友共事，甚至不跟他們住在同一個屋簷下。友誼太珍貴了，不能冒險。工作和友誼這兩個領域不重疊時運行狀況最佳，因為只有這樣，關於我們是誰的看法才不會出現混淆。不過，還有下一個問題，那就是當你的同事變成朋友時。或許你的表現變得比他們出色，或許他們變得比你強。外在情況是會改變的。假如你的朋友兼同事高升了，現在既是你的主管又是朋友。可以想像一下當你們下一次開工作評估會議時，會是什麼狀況：如果必須提出批評，當老闆的說得了多少真話？對組織的重視是否該超越對朋友的體貼？假使友誼占了上風，批評或建議的火力可能會一再降低，最後在友好的氣氛中完全蒸發。

## 誠實面對自己

實情是，在不同的環境裡，我們都會有不同的舉止，就某方面而言，的確成了不同的人。那些宣稱自己不變的人，大概沒有把環境的各種可能性考慮進去，或是沒有看到他人眼中的自己。我常想知道，在戰火下或是危急情況中，自己會怎麼表現。我應付得了挑戰嗎？還是應付不來？幸運的是，或者說，很不幸的是，我從來沒有受到這類考驗。我們唯一能做的是在個人的那扇喬哈利之窗中，盡可能打開左下角那塊窗格，而且或許稍稍探索右上角那塊隱藏的窗格，公開而誠實的面對自己，而不要裝作一個不是自己的人。有很多年我過得有點虛假，設法要成為不是自己的人。年輕的我有段期間喜歡裝做一個愛喝啤酒的外向小夥子，接著是裝成石油公司的嚴格主管，直到底牌洩漏為止；後來，我志在成為領袖，但是說也奇怪，那些追隨者不一定願意按照我帶領的方向走。容許自己做自己是一大解脫，不過有時候，我還會希望自己能身為很不一樣的人，只不過我不再設法使那個不可能的願望成真。

心理學上的一個大辯論是，我們有沒有一個核心身分，存於內在自我，等待發掘？還是，我們的真正身分是與時俱變的演化結果？這個辯論衍生出一個不斷困擾各種組織的問題：領導人是天生的，還是後天培養的？正如大多數的世事一樣，真相大概兩方面都有一點。許多性格測驗宣稱，它們能顯示受試者內向或外向、喜歡置身秩序井然的環境或略帶混亂的環境，這些測驗的基本觀念都是認為真正的人格到了成人早期階段都已成形，並且認為最佳的生活就是找到符合我們特質的處境。這些看法有部分確實符合我們的直覺。我們的某些人格傾向確實是遺傳來的，或是在成長過程中形成的。麥爾坎・葛拉威爾（Malcolm Gladwell）在《引爆趨勢》（*The Tipping Point*）中給這些先天傾向提出分類。他指出，我們每個人都是他所謂的專家（**Maven**）、連結者（**Connector**）和推銷員（**Salesman**）三者的混合體，或者再簡化些，這三類人可以想成是：聰明而對觀念感興趣的人、會交際而善於建立關係的人、說服力強而具有魅力的人；我們每個人通常會接近其中一類。

從根本上來說，我們無法逃脫基因的影響。我長得像父親，略帶點母親的影子。他們雖然都是好人，但沒有人會說他們長得好看。有一次，我必須去貝爾法斯特（Belfast）一場會議上演講，當地的祕書要到機場接我，她先打電話來，想知道怎麼認出我。接電話的是我太太，但對方以為跟她說話的是我的祕書，她說：「聽說他長得圓圓矮矮的。」我太太說：「是的，他是長得圓圓矮矮的，而且禿頭。」其實我父親差不多也是這個樣子。等到那位祕書見到我們，發現當初跟她交談的是我太太，她的尷尬就別提了。我抗議道，我個子沒那麼矮，也沒那麼圓，但我太太叫我別那麼注重外表，她說：「重要的是你是什麼人，不是你長什麼樣子。」也許是吧，可是我向來羨慕那些高大英俊、頭髮濃密的男人，只好不斷提醒自己，凱撒大帝長得又矮又圓、又禿頭，卻還是征服世界，而且所有歷史記載都說，羅馬的仕女都認為他很性感。

其他方面我也跟父親很像。我覺得他一直對於擁有權力感到不安。他擔任牧師時，寧可做指引與關懷的工作，是年輕人很好的導師，後來還有人告訴我，很意外他對試煉和誘惑有超越鄉間教區之外的理解，特別是對性的試煉誘惑。至於管理教區必須展現的強硬，像是做決定，尤其是不受歡迎的決定、非執行不可的規則和懲戒，或是偶爾為了全體利益而必須撤換某人，這些事情他做得很痛苦。這點我也一樣，這大概是我為什麼無法成為一個好管理者的原因，不論是管理什麼。

## 問題不在於入錯行，而是不夠有熱情

從另一方面來看，我們的確會從經驗中學習而逐漸變化，感覺上我們表現出來的自我的確不只是那個與生俱來的我。我們終其一生都在發展自己的各種身分，隨著年齡增加，我們開始發現最適合自己的幾個生活範圍，因此身分也愈來愈穩定、成熟。現在反省起來，我認為最主要的我向來都是個專家，對觀念和知識感興趣，可是我更嚮往連結者的生活，還殷切盼望成為推銷員。然而，在檢視自己並研究一些成功創業人士之後，我也發現，熱情可以使最不可能的人成為推銷員和連結者。假使你意願夠強，幾乎任何事你都能做，而且一定做得成。我真正的問題不在於前半生入錯了行，而是我對於當時所做的事並不夠熱情。

或許我也很幸運，娶到擁有多元稟賦的太太，她天生就是個很好的連結者，而且對自己關心的事很會推銷，也因此她的伴侶會變懶。小時候她曾經在奧地利住過幾年，因此說得一口好德語，換句話說我就不用學德文。我們經常放棄某種技能，而仰賴夥伴的技能和本領。如果他們離開，我們就會變得無能而茫然。

懶惰也有其他形式。有個女子描述她第一次婚姻的空虛給我聽，當他們結婚兩年後，先生發現自己無法有孩子，他的抑鬱和失望嚴重到足足一年沒跟太太說話。她說：「蜜月的時候，我就知道不對勁。」

「那你為什麼跟他結婚?」我問。

「那時候我好像上了一輛即將開動的火車，」她告訴我：「我不知道怎麼下車。我們人在國外，我父親在英國已經準備盛大的婚禮，火炬、煙火、禮車，什麼都安排好了，我只是順著去做。」事實上她和丈夫一起生活十三年，一直維持禮貌的婚姻外表，直到她遇到一個很不一樣的人，點燃了引信，把她射入一個新生活的軌道，使她擁有全新而更完整的身分，包括擁有一個女兒。妥協，最後可能使你浪費掉一大段人生。

歐洲管理學院（INSEAD）的荷蜜妮亞．伊巴拉（Herminia Ibarra）訪問三十九位成功人士，想知道他們如何重新創造自己的人生。這些人包括從文學教授改行的股票交易員，從投資銀行家改行的暢銷小說作家。她主張，成功的人生並不等於先知道做什麼再行動，而是剛好相反。只有在行動、實驗、質疑與再行動中，才能發現自己是誰、是塊什麼料。這正是我的經驗。我們的身分有部分是遺傳來的，有部分是早年的經驗塑造而成，但是在我們探索更多的可能之前，並未完全成形。我們應該不斷窺視那第四塊隱藏的窗格，把愈來愈多的面積攤開在陽光下。這並不表示生活會變容易，不過，說不定我們臨終時，不會再有任何東西是自己和別人都看不到的。

## 你對社會有什麼貢獻？

我現在認為，我們的一生其實是在尋找自己的身分。臨死如果還不知道自己真正是誰與自己真正的能力實在可憐。生命的過程像是爬一座身分的梯子，我們逐漸證實、發現自己。心理學家馬斯洛（Abraham Harold Maslow）稱之為需要的層級，對我來說，則更像是梯子。梯子的第一階是生存，我們離巢時翅膀夠不夠硬？我們能不能餬口、養家、維持一份工作或獲得一個資格？接下來，生存不是問題了，我們必須表達自我，以某種方式顯示自己與眾不同，建立自己獨立的身分。對大多數人而言，中年的成就代表達到這一階。但是這個梯子並不止於此。我們仍然渴望在世上留下標記，刻下痕跡，希望因為我們活過而使世界變得不一樣，不管變得更好或更壞。因此，梯子的最後一階是「貢獻」，是對自己以外更大群體的付出，是我們為了不朽、為了永存的紀念而下的私人賭注。曾經有人以另一個方式描述馬斯洛的層級，把一個理想人生的組成部分列為生存、學習、愛、留下遺產（legacy）。我喜歡這個說法，它說明我在自己人生中一直想做的事。

貢獻不必是什麼驚天動地的大事。對許多人而言，子女就是最好的遺產。對有些人而言，則是他們的工作，或是所創的事業。還有的人則是他們所拯救或改變的生命，他們教導過的兒童或治好的病人，甚至是他們親手栽植的花園。有如當頭棒喝的是，一個人並不會因為怎麼賺到錢而被人記住，而是因為他怎麼花錢而被記住。墓碑如果刻著地下躺著的人賺了幾千幾百萬元，並不會給路人留下印象，關鍵是那些錢用在什麼地方。

如果我們認為我們的些許作為能在浩瀚宇宙中產生任何重要性，或許都嫌傲慢。我們所做的事可能一點也不重要。我知道我的書會被資源回收，我的想法會被忘記，但我還是寫作，還是教書。為什麼？我問自己。我想，因為我要填滿那扇窗，要在死前發現自己的每一個面向。這本書本身就是尋找我自己完整身分的部分過程，記錄人生旅程中不同階段的韓第，以及他在路上學到的東西。現在我知道自己是誰了嗎？不完全知道，而且將來可能還有更多的韓第出現。艾略特（T. S. Eliot）經常被引用的一段詩句是：「我們一切的探索將在抵達原點結束，我們將首次認識那個地方。」然而，假使我們停止探索，那跟死亡有何差別？我還不準備那麼做。

eBay的其中一個創辦人傑夫．史科爾（Jeff Skoll）說，當他父親回家宣布自己確診癌症末期那天，父親告訴當時十四歲的他，自己並不害怕死亡，卻因為還沒做過這輩子所有想做的事而難過。換句話說，他怕會在親身體驗自己每一個可能面向之前就死去。幸好醫生診斷錯誤，他獲得另一次機會。我們其他人也許不會這麼幸運。

# 第二章
# 愛爾蘭的根

我一生中前二十年是住在愛爾蘭齊爾代郡薩林斯鎮聖馬可教會牧師宅邸（St. Michael's Vicarage, Sallins, Co. Kildare, Eire）。任何人只要熟悉那個時代的愛爾蘭，光看這個地址就可以知道很多跟我相關的事。它說明我是新教徒，住在南愛爾蘭，而南愛爾蘭現在叫做愛爾蘭共和國。教會牧師宅邸表示我是教會之子，就我的情況而言，我屬於愛爾蘭教會（Church of Ireland），而這個教會和英國國教教會（Church of England）相連；或者按照官方用語，兩者「互相交通」。於是，我的身分便浮現了，我是盎格魯愛爾蘭人，不是正統的愛爾蘭人，也不是英國人。這類人過去被稱為「權貴階級」（Ascendancy），不過，在本國的其餘人口裡，有此稱號不太可能受人歡迎。只要是明白那個時代這個地址的人，馬上可以推斷我會上什麼學校，讀哪所大學，交什麼樣的朋友，長大以後會投票給哪個黨派，他們的預測八九不離十。

現在我了解，我們的根源的確會塑造我們，而且，你拿它沒什麼辦法。我在愛爾蘭鄉下長大時，完全不知道自己的家族歷史，也不知道愛爾蘭悠遠深長的悲劇故事，那些是後來才曉得的。但是我知道自己是有些什麼地方跟人不同。雖然我不曉得「盎格魯愛爾蘭」或「權貴階級」那些詞彙，可是一直覺得奇怪，為什麼母親那麼注意我的發音，不希望我流露出一丁點愛爾蘭腔。我們住的牧師宅邸周圍都是農田，在都柏林以西三十英里，距離父親每天早上禱告的那座優美的鄉間教堂一百碼。

## 緊緊守住任何能提醒自己身分的片段

我們絕對算不上富裕，但也不能說是貧窮。我們有個女僕住在家裡，還有一個園丁。他們是天主教徒，上本地村莊去望彌撒，而我們是去教堂做禮拜。所有我們認識的人也都做禮拜，因為他們是新教徒，當中不少人和我們一樣，是早年盎格魯愛爾蘭人最後的餘緒。我想，假使你屬於一個人數逐漸凋零的少數族群，你會緊緊守住任何能提醒自己身分的片段，即使你已經不相信這個身分也一樣。

對大多數的盎格魯愛爾蘭士紳階級來說，教會是個社交團體，而非宗教組織；說不定事實向來如此。那些做禮拜的人，有些仍然住在一度為豪宅、如今只剩殘敗空殼的大房子裡，有些則擁有並經營規模較小的宅院或農莊，不過，絕大部分人是專業人士：醫師、教師、律師或建築師。我不記得自己有任何一個可稱作商人的熟人。可能因為我父母不在商業圈走動，但還有部分原因是，老式的盎格魯愛爾蘭人不以經商為業。他們多半是鄉間士紳，不少人的祖先早在十七世紀跟克倫威爾（Cromwell）[1]一起渡海而來，他們獲贈大片土地，那是他們效力「護國主」（Great Protector）克倫威爾所得的回報，而護國主在愛爾蘭所保護的全是自己人。之後許多年，他們的後代為英國人統治愛爾蘭，因此被視為權貴階級。

若干年前，我找到韓第家族在愛爾蘭的第一個家。那是在愛爾蘭中央接近穆林佳（Mullingar）的一個古堡廢墟，我的遠親黎安．韓第（Lieutenant Handy）還住在附近，知道過去的故事，他領著我們走到一片田的中間，面對一堆高高的石塊。愛爾蘭的韓第第一代也是跟在克倫威爾那批人後面來的，克倫威爾以兩萬大軍揮軍入侵，決意對愛爾蘭在一六四一年的反叛加以報復；那場叛亂中，烏爾斯特（Ulster）許多墾地殖民的新教徒遭到屠戮。克倫威爾不是軟心腸的人，看來，他手下的軍官也和他如出一轍。那天黎安告訴我們，我們的祖先接到攻下城堡的命令，堡中約有三十個愛爾蘭人在把守。韓第中尉向守城的人馬提議，只要放下武器，保證讓他們安全離開。由於人數彈藥都居於劣勢，他們答應了，但他們一出城就被殺得一乾二淨，而韓第則得到這座城堡及周圍土地作為獎賞。難怪盎格魯愛爾蘭人的天主教鄰居對他們不太有好感，儘管有些盎格魯愛爾蘭人後來認同這個國家，並且爭取愛爾蘭的獨立，乃至於為之而戰。

這個時代盎格魯愛爾蘭盛世的傾頹，從我母親的家族就可見一斑。我的外婆屬於賀伯特（Herbert）家族，向上可遠溯至穆克羅斯（Muckross）的賀伯特家族。賀伯特家族所擁有的穆克羅斯莊園涵蓋基拉尼（Killarney）中湖北岸的一大部分。從過去到現在，那個地方的景致一直獨具一格，非常優美。伊麗莎白

1 譯注：克倫威爾一六五〇年平定愛爾蘭叛變。

女王一世在一五八〇年把一塊地分給她的英國愛臣，稱為門斯特領地（Munster Settlement），就包括這裡，之前擁有這片土地的人是愛爾蘭的戴斯蒙伯爵（Earl of Desmond）。賀伯特家族在那裡一直住到一九〇〇年，才賣給阿爾迪龍爵士（Lord Ardilaun），也是個盎格魯愛爾蘭人。傳說賀伯特家族的衰亡是因為維多利亞女王帶了大批隨從來訪，久居不去而造成的。穆克羅斯的地產隨後幾度轉手，直到一九三二年當時的業主亞瑟・羅斯（Arthur Rose）捐給國家為止，我就是在那一年出生。每次我聽到〈你怎麼能買基拉尼？〉（How Can You Buy Killarney?）那首歌，我都想回答：「開張支票就行了。」可惜的是，我們這個家族分支從沒沾到那張支票的一點邊。

## 文化的種族隔離

我們這些新教徒總是黏在一起，因為我們這個少數族群小得很，以前不到總人口的八%，現在又更少。我們讀書全上同一所學校，之後如果夠聰明，都去都柏林念三一學院（Trinity College）。我們往來的銀行是愛爾蘭銀行，喝咖啡的地方是彪立咖啡屋（Bewley's Cafe），年復一年去皇家都柏林協會（Royal Dublin Society）看馬展，而且希望有朝一日能受邀到基爾岱街俱樂部（Kildare Street Club）吃頓大餐；這些都是老新教徒權貴階級的據點。我們的天主教朋友少之又少，同一條路上米利森屋（Millicent House）的波穀蘭家（Boylan）可以算是朋友，他們家的小法蘭克（Frankie）是我妹妹的玩伴，我曾在他們家荒廢的閣樓上玩捉迷藏。還有很老很老的盎格魯家族後代，像是普郎凱特（Plunkett）、紐簡特（Nugent）、布拉貝松（Brabazon），他們的祖先拒絕跟隨亨利八世改信新教，可是他們的盎格魯化程度跟我們其他人一模一樣。每回我搭船回英國上學時，總會遇到他們，他們是去安朴佛斯（Ampleforth）或當塞德（Downside）去上大型的天主教公學校（Catholic public school）。而我，當然是去一所新教學校，渥契斯特郡（Worchestershire）的布洛姆斯林（Bromsgrove）學校。父母勉強接受預科學校校長的建議，他說愛爾蘭給新教徒子女上的學校沒有幾所能好好考驗我。今天看來，這麼多盎格魯愛爾蘭人決定把孩子送到英國受教育，只會加強並延續自己族群的隔離。那些孩子有很多都不再回來，包括我在內。

回顧過去，我很驚訝我們這些人的隨波逐流；我們所有人（包括一心為我著想的父母）都接受現況，如今我好好一想，明白那其實是種族隔離的一種形式。兩個族裔比鄰而居，卻互相隔絕。我們完全沒有後來發生在北愛爾蘭的暴力，那是沒錯；然而，分隔就在那兒，一部分來自宗教，一部分來自階級，兩者都有歷史的淵源。在《都柏林造就我》（*Dublin Made Me*）那本書中，安德魯斯（C. S. Andrews）從另一個角度看同樣的一個世界：

> 從兒時起，我就察覺有兩類公民，分離而互不融合：我所屬的天主教徒，以及新教徒。新教徒跟我們差異之大、距離之遠，就像他們是黑人、我們是白人一樣。我們不認識新教徒，可是知道他們的存在，他們是社區裡的敵對分

子，對我們構成若有似無的威脅。他們非常有教養，他們的子女從來不跟村子裡的小孩一起玩。

我完全同意他的說法，只不過我大概會認為我們是白人，天主教徒是黑人。我記得多年以後，我在美國待了一年回家，我問母親，在我離開的期間，愛爾蘭有沒有什麼大變化，她說：「有啊，通婚的人多了很多。」我腦子裡還是美國式思考，心想從哪裡突然來了這麼多黑人，然後我恍然大悟。她說的是新教徒和天主教徒的通婚，不是黑白人種通婚。不過這仍然是文化的種族隔離，而我一直快樂的與之共存，看不見哪裡有錯。

## 我怎麼敢在心中指摘我的南非朋友？

現在回顧整個情形，我可以開始理解，長期存在的族群差異會把不和諧帶入社區，而在外人眼裡，這根本沒道理。我父母，還有他們認識的每一個人，人都很正直，心腸很好，是行為與信仰一致的基督徒。他們對遇到的每個人都很有禮貌，十分照顧為自己工作的人，相信所有人都應該享有平等的權利。我母親經常幫忙當地的天主教神父，在他有需要時，從女人的角度替他處理家中的事務。不過，我們住在自己狹窄的新教徒盎格魯小世界裡，他們的談話和想法與我們涇渭分明，渾然不覺怪異之處。我現在覺得奇怪，自己後來怎麼敢在心中指摘我的南非朋友有罪，說他們快樂的生活在種族隔離的世界，對僕人仁慈而體貼，卻把自己隔絕在國家的真相之外，而我，不也一直住在一個雖然傷害較小、但仍十分相似的繭裡？

我現在能明白，一個人早年的成長環境有很大的力量。我開始能理解，從小相信只有一種看世界的方式是多麼容易發生的事。尤其是，當你從沒遇到過不一樣的看法；當你只閱讀同類人所看的報紙，以我為例，是《愛爾蘭時報》（*Irish Times*）；當你上同樣的學校，參加同樣的派對，加入同樣的社團。我現在了解，一個人可以對人生和社會抱著粗暴的看法，而在內心還是一個好人。而我，雖然有點晚了，也終於學會使自己的眼光脫離刻板印象的局限。

## 愛爾蘭更加去宗教化

盎格魯愛爾蘭人現在其實已經消失，沒入了愛爾蘭新生的繁榮浪潮。那些鄉間宅邸如今住的是新的百萬富豪，或者像我們那條路上的米利森屋那樣，已經改建為高爾夫球場，或者像巴爾頓家（Barton）住的史特拉凡屋（Straffan House）一樣，現在成了K俱樂部（K Club），擁有高爾夫球名將捷克・尼克勞斯（Jack Nicklaus）設計的場地。許多人跟我一樣，在一九五〇、一九六〇年代那個困難時期離開了，當時的愛爾蘭似乎被整個世界遺落在後面；失業率是三〇％，沒有值得效力的企業，年輕人的前途顯然不在這裡。脫離老地方，走得愈早愈好，這是愛爾蘭的傳統解決辦法；之後，再以懷舊的眼光回顧一個只在想像中存在的愛爾蘭。我那些留下來的新教徒同伴都已經不記得權貴階級的過去，他們認為自己就是愛爾蘭人。以前的傳統認為，只有蓋爾人（Gael）兼天主教徒才是真正的愛爾蘭人，那等於把我排除在外。我在英國受完教育後，從來沒有回去工作過，可是，我到哪裡都帶著故國的回憶，永遠都會如此。

現在，宗教的界線也消失了。我察覺這一點的經過十分戲劇化。那一年英國傘兵部隊在北愛的倫敦德里（Londonderry）對天主教遊行群眾開槍，後來稱為「血腥星期日」。在這場悲劇發生後的那個耶誕節，我的小家庭從倫敦回愛爾蘭和我的父母共度節日。當天第一個活動是去同一條路上的教堂參加傳統聖歌禮拜，我妹妹說：「我想你最好早點去。」我訝異的看著她，因為即使是大節日，參加禮拜的會眾向來也不會超過四十人。她說：「你去了就知道。」的確，當我們抵達時，教堂幾乎已經坐滿。大部分的人我都不認識，但是我注意到講台的階梯下坐著一個年輕豎琴師，她的手指撥著琴弦，這可不是我父親平常會鼓勵的做法。然後父親走進來，開始禮拜。不過他不是單獨一人，身旁站著當地的天主教神父。他們倆商量好舉行一場聯合禮拜，以他們的方式來宣告，北愛爾蘭的慘劇不會在南方上演。

很快的，通婚也不再是個話題。一九五九年天主教領袖解除禁止信眾子弟就讀三一學院的禁令，現在該校多達九〇%的學生是天主教徒。同時，愛爾蘭教會勢力不斷衰減，一九八五年信眾已不到十萬，如今數字更低。而天主教會也因為出現猥褻兒童的醜聞，威信大為淪喪。消費社會的時代已經來臨，愛爾蘭這個國家也更加去宗教化。

## 跨國族自稱為世界公民

對我而言，一切來得太晚，我是最後的盎格魯愛爾蘭人一員。我已經離開了，任何回歸的機會早就消失。我的跨國族身分是命中注定，今天這個世界上，這種人到處都愈來愈多，他們把對國家的效忠分給兩個、甚至更多的國家，有時還會試圖美化自己，宣稱是世界公民，我卻覺得很不安。以前在牧師宅邸吃完耶誕大餐後，我們會坐下來聽女王講話，一如大多數盎格魯愛爾蘭人的習慣。每次女王講話結束都會播放英國國歌，而我母親會不管他人眼光，起立致敬。我學不來她的作風，而且為她對英國的熱情感到尷尬，可是，我也為自己記不住愛爾蘭國歌的歌詞和大部分曲調感到尷尬。

我是哪一國人？英國人還是愛爾蘭人？我很珍視自己的愛爾蘭護照，雖然我也有權利拿英國護照，因為我出生在一九四八年以前。那一年英國通過國籍法，終於承認愛爾蘭的獨立地位，除了兩國旅行不受任何限制外，也通過公民與貿易權的互惠條款。愛爾蘭總理對如此大方的措施所給的回應是，隔年去加拿大訪問時宣布愛爾蘭為共和國，脫離大英國協。不過，我拿英國護照的權利保持不變。即使有一本英國護照，我還是無法通過泰比特的板球測驗（Norman Tebbit cricket test）[2]。碰到兩國比賽，我永遠會替愛爾蘭隊加油，不管他們的勝算多少。即使如此，在愛爾蘭人眼中我是英國人，有愛爾蘭護照也沒用。我曾經向愛爾蘭的外交部申請工作，可是非常明顯，他們不歡迎我的申請。沒人相信我可以代表自己的祖國，儘管我的家族已經在那裡住了三百年以上。

我的性情也不怎麼愛爾蘭。我不是在大夥中妙語如珠的人，不是任何宴會上的靈魂人物，在酒館、酒吧裡我總是坐立難安。我甚至不是典型的盎格魯愛爾蘭人，那種愛打獵、射擊、釣魚的鄉間紳士。當年我那位愛好在愛爾蘭度假釣魚的準岳父，發現我在愛爾蘭西邊沒有一個像樣的莊園可供他享受，簡直失望透頂。如今我已經在英格蘭住了超過四十年，但是，我永遠也不會覺得自己是英格蘭人或英國人，即使我現在壓根不會想搬到其他地方去住。我在牛津上學找地方住的時候，發現很多出租房舍門上貼著告示：「不收黑人、狗、愛爾蘭人」，令我十分震驚。今日有數百萬英國公民過去一度是移民，但始終拒絕被完全同化，仍然希望主張一個人能夠同時效忠兩個傳統：代表出身的國家與選擇成家的地方。我

2 編注：英國保守派政治人物泰比特在一九九〇年提出有爭議的一個詞，指南亞和加勒比海移民的小孩對於英國的板球隊缺乏忠誠感。

可以充分理解他們的心情。你到了一個新地方會緊緊攀住自己的根，這是你保有身分認同的方式。我可以有愛爾蘭的心，而身體和情感卻屬於英國，乃至於屬於歐洲。這麼做並不是很容易，但是雙重國籍或三重國籍我認為是有可能的，也是可取的，因為有愈來愈多人去異國他鄉生活、工作，和各種人一起生活和工作似乎是不可避免的事。

## 生命是為了生存，這就夠了

隨著歲月的流逝，我學會對自己身為愛爾蘭民族大遷徙的一分子而欣喜，我們數百萬人散布全世界，覺得自己的心向愛爾蘭，可是只願意回去度個簡短的假期。據說，光是美國就有四千萬愛爾蘭人。我發現許多人跟那些美國人一樣，都對愛爾蘭事物很容易產生共鳴。上一屆世界杯足球賽，各國人士在自己國家隊之外，第二喜歡的球隊顯然就是愛爾蘭隊。根據經濟學人智庫（The Economist

Intelligence Unit）二〇〇四年的研究結論，就生活品質而言，愛爾蘭是全球最適合居住的地方。住在那裡的人可不那麼確定，但是其他國家的人卻十分羨慕。

如今愛爾蘭這個國家普通多了，跟別的地方愈來愈像。按照個人平均所得來看，它是世界上第四富裕的國家。換句話說，過去悲劇歷史帶給它的浪漫神祕氣息已經蕩然無存，取而代之的是無所不在的消費主義、高漲的房價、交通堵塞、環境汙染、毒品和汽車失竊案。西部鄉間的美景現在疤痕斑斑，毫無特色的白色小屋和屋頂尖聳的豪宅，一棟棟大剌剌的坐落在田野當中，四周環繞的是柏油地面而非花園。這些房子或許住起來舒適得多，卻缺少古老愛爾蘭村屋的魅力，後者戴著茅草屋頂，彷彿是從沼澤中生長出來的。

沒錯，比起我所離開的那個含怨、貧窮、教士眾多的國家，那個法蘭克・麥考特（Frank McCourt）在《安琪拉的灰燼》（*Angela's Ashes*）中刻畫逼真的世界，現在的愛爾蘭是個更好的地方；不過有時候我覺得，當時的生活比較單純。在我十三歲以前，家裡沒有電力，除了燒褐煤，沒有暖氣，自己不動手演奏、唱歌，就沒有音樂。我們自己汲水、種菜、撿雞蛋、每天早上到附近的農莊拿牛奶回來，到任何地方都騎著腳踏車去。每個禮拜六，我們點起大鍋爐的火，好在星期日以前讓每個人都洗個澡。平常日我們則是用水壺熱些水，給父親刮鬍子用，其他人都是將就著洗冷水。每天傍晚都有過完一天的成就感，到了週末都覺得值得慶祝。是的，我並不想回到過去的艱苦時代，然而從哲學角度來說，那個時代比較單純。生命是為了生存，這就夠了。

## 進步經常是往前走兩步，就倒退一步

現在生活中的物質層面既然輕易得多。光和熱，開關一扳就來，食物來自微波爐或外賣。我們不得不在生存以外尋找一個目的。這可難了。我們還必須有個拿手的本領，才能賺到足夠的錢去買我們需要的所有東西。這也是難事。那樣一來，你被推著朝自私的方向走，要先照顧好自己之後，才能想到照顧鄰居。進步是個奇怪的東西，經常是往前走兩步，就倒退一步，有時甚至是前進一步、倒退兩步。

不久前，我和太太受邀在都柏林主持一個專題研討會，題目是：「我們對自己幹了什麼好事？」參加的年輕人覺得，他們失去的似乎跟得到的一樣多，或許老愛爾蘭的一些好東西，如友善、時間的永恆感、輕鬆自在、以家庭為生活重心，都跟那些壞東西，如窮困、偽裝虔誠、島國心態、多愁善感，一道失去了。他們覺得全球化是幸、也是不幸。我們很多人也這麼說，但是哪一個有理性的國家能關起門來，拒絕全球化？今天的愛爾蘭是我們這個時代進退兩難的一個個案。不過，比其他國家要強的是，愛爾蘭人願意討論這個問題。愛爾蘭人還沒失去他們的口才，也沒失去理想。

早在一九四三年，當時的政府領導人艾蒙．德華理拉（Eamon de Valera）在一席名為〈我們夢想中的愛爾蘭〉（The Ireland that We Dreamed of）的演講裡，規畫他對國家的願景，那是上一世紀這個國家最出名的一場廣播演講，他在談話中提倡的是傳統的非物質價值。德華理拉說，付出和得到一樣重要，服務和財富一樣重要。他說的那個社會裡，享受權益的人必須肩負相當的責任，有生產力的成年人則認定自己對上一代和下一代的人都負有非物質的義務。世代與世代交織成一張緊密無縫隙的社會網。可悲的是，德華理拉政府的行動趕不上辭藻，不過那個夢想仍然沒死。今天的愛爾蘭有條件實現這個夢想最好的部分，然而她的決心或許已經因為消費主義的誘惑以及老社區的分崩離析而磨損。當一個人可能過幾年就會遠走他鄉，去追求個人目標，他為什麼要關心鄰居？更別說是鄰居的孩子了。這不是愛爾蘭獨有的問題，但是，只要德華理拉的夢想還有幾許餘緒殘存，愛爾蘭仍有最好的機會可以讓這個夢想付諸實現。

# 第三章

# 希臘智慧

「算是開個頭吧，」他說：「我要你交一篇三千字的文章，討論『什麼是真實』。」這個題目不怎麼新鮮了，我對自己說。我記得彼拉多問過耶穌這個問題，他沒得到答案，我想他也沒指望會得到答案。我可沒那麼容易混過去，給我作業的是我的哲學課導師，我們是第一次見面。我正在牛津大學讀古希臘羅馬哲學和歷史，已經花了兩年時間把那些古典文獻翻譯成英文，再翻譯回去。那時我還不明白，導師給我的看來直截了當的作文題目，其實把我引入一種新的教育形式，和我到那時為止所忍受的教育完全不同。要到多年以後，我才明白那對我後來的人生有多重要。

## 小心提防那些早年的標籤

我之所以成為古希臘羅馬語文學的學生，是友誼造成的意外結果。我十二歲時，一個同學為了要進溫徹斯特公學（Winchester College），需要學希臘文，他邀我跟他一起學，我很樂意的答應了，哪曉得這就訂下我往後十年求學的路線。當時既學希臘文又學拉丁文的人太少了，因此我顯得與眾不同，立即被貼上古典學者的標籤，弄得最後到牛津去念那些語文。我現在會警告學生，小心提防那些早年的標籤，它們會黏在你身上，不管究竟對不對。誰曉得呢，說不定我本來可以是個科學家，只是從沒機會去證明。希臘和羅馬牢牢扣住我了，不管我喜不喜歡。

我不怎麼喜歡學這兩種語言，骨子裡我並不是個語言學家。然而，一旦衝破語言的藩籬，開始潛入那兩個偉大文化的歷史和哲學，情況就變好了。歷史非常吸引我。我發現，當我設法解開事情的緣由，或是揭露個人、環境、事件之間縱橫交織的關係時，樂趣愈來愈大。歷史學家一向明白，人生從來不像表面看起來那麼簡單。沒有人告訴我，我當時正在發現「系統思考」這種東西，雖然我後來才知道這個名詞。若干年後，當我在倫敦商學院（London Business School）上課時，我遇到最好的學生經常都是學歷史的人，我一點都不意外。

哲學就是另外一回事了。柏拉圖（Plato）和亞里斯多德（Aristotle）一向都不容易讀，特別是我在牛津的短短幾個學期中，實在有太多其他東西很吸引人。我奮力掙扎，老是在為哲學導師給我的下星期作業操心。第一次見面的那個禮拜，他開了份關於真理的選讀書籍，從柏拉圖的《共和國》（*Republic*）到艾耶爾（A. J. Ayer）的《語言、真理與邏輯》（*Language, Truth and Logic*），來幫助我寫作業。我離開時心想，這個題目如此簡單，雖然彼拉多搞不清楚真實是什麼，但我哪需要這些參考書幫忙寫文章？

## 在法庭上發誓說真話的人，已經在撒謊了

那個禮拜還沒過完，我就發現自己必須熬夜苦思，拚了命想弄明白自己的體悟：除了套套邏輯（tautology）和數學的某些部分，絕對客觀的真理並不存在。所有東西都有附帶條件，依附於情境、觀點，以及一開始的假設上。我鑑賞為美

的東西，我太太可以視之為醜陋。這種歧見在我們進行室內裝潢時會造成問題。誰才對？哪個才是真的美？我相信兩者皆對，因為我沒見過美的精確定義。某些人認為很明顯的真實，在另一些人看來卻是假的，或是有誤。在法庭上發誓會說真話、說出全部真相、不說一句假話的人，已經在撒謊了，因為永遠沒有人會知道某個情況的全部真相。大家都知道，我們實際上聽到的是證人所認知的真實。我寫這本回憶錄，想好要說出真相，但那只是我記憶中的真相。其他人，特別是我妹妹，經常對同樣的事件有不同的記憶。誰才是對的？兩人皆對，或者，兩人皆錯。當我仔細去想，我發現結論其實很明顯。

對柏拉圖來說，我們看到或知道的，只不過是事物的影子。那是我們對真實的感知，而非真實的真相，真相永遠不會有人知道。要知道真實是什麼，不能依賴感官，然而我們必須做出一副知道真相的樣子。就像講求實際的蘇格蘭哲學家大衛·休謨（David Hume）那件軼事一般，有次他很自得的證明人不可能確定自己知道什麼，然後他說：「不過現在我要點上菸斗，出去吃飯。」當我們從具象的實體世界轉入抽象的思想世界時，真實就成了更大的問題。換句話說，生命是一個大假說，而且，在生命整個結束之前，很難證實或否定這個假說。

那第一篇作文喚醒我的不安，我明白世界不像我本來想的那麼簡單。可能它從來都不是我的眼睛看到的樣子。如果我想成功，甚至想生存下去，就應該去看看別人從經驗中得到的世界假說，跟我的假說一不一樣。真實絕對不能當做順理成章的事。這些想法會讓人變成慣性的懷疑主義者，或者比較正面的說，變成思慮周密的人。

我那篇關於真實的作文只是接下來許多文章的第一篇。我慢慢發現，希臘哲學家早就想過我們當今面臨的許多問題，有些問題甚至要歸咎於他們。柏拉圖相當看不起人類。既然多數人本性自私、貪婪，因此他把一個理想的國度交由一群監護人託管，一群從小就被教育、培養為能正確照顧其他人需要的男人（向來是男人）。柏拉圖相信階級，認為每個人都知道自己的本分時，事情就會運轉得比較好。女人的本分當然是在家裡，男人則天生被賦予一個國家社會中的位置。在監護人（或所謂的哲學家皇帝）之下設有軍隊，作為國家的實質監護人，下面則是商業社群，也就是生意人，再下面是自由勞工，最後是奴隸。這個世界觀世世代代以來，普遍感染英國人對階級和教育的態度。當然，對王公貴族來說，柏拉圖主義符合自身利益。他們會如此說，也如此相信：「只要交給我們，一切事情都會對大家最有利。」

## 有適當的階級制度，事情會運轉得更好

商業，過去在英國人觀念裡向來不是高等職業，而且絕對比軍職還低賤。我的叔公是一個頑固的老將軍（我從他那裡學會喝真正辛辣的馬丁尼），當我拒絕英國陸軍的聘請，以便進入殼牌石油公司工作時，他對我完全絕望，指責我是懦夫。我私底下承認他或許沒說錯。他甚至威脅要把我從他的遺囑中剔除，幾個月後他去世了，我很驚訝的發現，他真的這麼做了。在他的觀念裡，軍職要比他稱

之為「買賣」的行業有價值得多。他是個徹頭徹尾的柏拉圖主義者，像他這樣的人多的是。在牛津的同期生之中，跟我一樣選擇從商的人並不多見。

和柏拉圖一樣，英國人認為，如果有一個適當的階級制度，事情會運轉得更好。這個階級大致一出生就決定了；能力分級制度可不是柏拉圖的概念。「民主」過去不夠有效，現在依然如此，一如柏拉圖在雅典黃金世紀的最後幾年親眼所見；即使民主制度的危險性要低於其他選項，也掩蓋不了這個事實。我經常想，我們的商業組織不民主的運行方式（由經過細心訓練的成員自封為監護人，決定本身這個國度的經營方式）之所以存在，可說是拜柏拉圖之賜。我後來注意到，我就是殼牌公司可能的監護人可能；同年進公司的大學畢業生裡，包括我在內有十四個人被送上特殊培訓的軌道，被大家稱為「金童」。

柏拉圖筆下的蘇格拉底是個偉大的質問者，總是在發問，總是在探詢潛在的前提。我記得後來有人告訴我，假使你連續問個三、四次「為什麼」，最終會探測到別人往往沒有意識到的深層動機。我就用過這個方法。

「你為什麼用這個策略？」

「因為這樣能提供最好的投資報酬。」

「為什麼拿這個當標準？」

「因為那是投資人的期待。」

「為什麼投資人能全權裁奪你的決定？」

「因為企業經營就是這樣。」

「為什麼企業經營要這樣？」

諸如此類的。很像蘇格拉底，而且想必很惹人厭。被這麼拷問的人一定跟蘇格拉底的不幸同伴一樣，被弄得很火大。不過，為了抽絲剝繭找出個人的基本前提，以及找出我們做什麼與想做什麼的真正原因，只要問話恭敬有禮，這是十分有效的方法。我和太太在倫敦的時候，會在家裡進行開放式早餐會，讀過我們的書或聽過我們演講的任何人，若是想在我們身上測試一下我們的某些想法，都可以參加。我們不提供任何建議，只是盡可能的問「為什麼」。這樣做似乎能幫助人澄清思緒。這點，我是跟蘇格拉底學的。

對付自己，我也用同樣的手段，一一挑戰自己的原始前提，這點還有我太太從旁協助；對於我的偏見，她比我知道得更清楚。這可以是個很刺激的智性遊戲，可以挑戰社會上絕大多數的辦事方式。然而危險在於，就像蜈蚣被困在溝裡搞不清楚該伸哪一條腳爬出來一樣，我們也可能因此動彈不得。有時候最好把問題留給自己，這正是我脫離牛津常春藤圍牆的保護後不久發現的情況。

## 你有個訓練精良而空無一物的頭腦？

當時候到了，應該決定事業方向的時候，我想要一份能出國過舒適生活的工作，於是向殼牌這個龐大組織提出申請，我知道它的分支單位廣布全球。不過殼牌是石油公司，而我專攻古典文史。面談時，我為自己的主修科目道歉，面試者說：「不用擔心，你有個訓練精良而空無一物的頭腦，我們會放進有用的知識。」

殼牌哪裡知道我之前受過什麼訓練。我的教育給了我對於字詞和辯論的喜好。我被教導對傳統智慧抱持懷疑的態度，要質疑大家都接受的意見，尋求另類途徑來解答問題。就商業而言，這種訓練並不差，但是我的主管可受不了。當我第一次試用這套方法，提出意見，表示馬來西亞的石油運輸系統可以組織得更好時，總辦公室的營運主管只看了我那份報告最前面的摘要，其餘內容翻都不翻。

「你在這裡多久了，韓第？」他問。

「呃，六個月，老闆。」

「你知道我們公司在這個國家經營石油業已經多久了嗎？」

「五十年？」我猜道。

「說得精確點，是五十五年。你想，在六個月裡你會比我們這些老經驗的人更清楚事情該怎麼做嗎？」

「不會，老闆。對不起，老闆。」

我離開他的辦公室，心裡仍然確信自己是對的，但是自忖此刻不是挑戰既有智慧的最佳時機。事情後來的發展證明我是對的，但這時候我的報告早就被沖到新加坡的下水道去了。我希望自己從這個經驗學到，永遠不要忽視年輕人的主意，不管看來多麼冒失無禮。

我確知，早年接觸到柏拉圖筆下的蘇格拉底，是我如今在討論或辯論時喜歡採取反面立場的部分原因。這一點雖然有些時候很有用，但我也逐漸了解到，對於達成大家都同意的結論，恐怕並無助益。很多年後，我設法改變這個習慣。我決定，如果有人要我表示想法和建議，我最好在私下傳達，不要公開嚷嚷。做了這個決定後，我在同一天向七個委員會和董事會辭職，之後只有三個機構寫信來，對我所做的貢獻道謝。這些跡象使我察覺到，我的離去說不定非但不會令人惋惜，甚至可能還有人沒注意到我的消失。

## 亞里斯多德的黃金中庸觀念

柏拉圖不容易讀，特別是他的希臘原文，可是亞里斯多德我幾乎看不懂。他是柏拉圖的弟子，但是我注意到，他不同意柏拉圖的很多論點，這點我很高興。我的困難在於，亞里斯多德知道得太多，他的文章涵蓋的人類活動領域太廣，從科學到倫理學，從藝術到政治，無所不包。他甚至預示達爾文後來的演化觀點。他的觀念是透過講課筆記流傳下來的，非常難了解，至少對我而言如此。要到最近，多虧一本深具洞察力的書，那是我的朋友詹姆斯・歐圖爾（James O'Toole）寫的《創造美好人生：運用亞里斯多德的智慧尋得意義與幸福》（*Creating the Good Life: Applying Aristotle's Wisdom to Find Meaning and Happiness*），我才了解，我的意識裡已經滲入不知多少亞里斯多德對生命的見解。

是亞里斯多德首先把「足夠」（enough）這個想法介紹給我的，那是他的「黃金中庸」（golden mean）觀念。他說，德行（virtue）不是惡行的相反，它落在過多與過少的中間地帶。財富對亞里斯多德來說不見得一定是件好事或壞事，只要我們把它看成是達到某個更大目標的手段。罪惡逾越了中庸，逾越了介於多和少之間的中點。聖保羅（St. Paul）或許沒說錯，人對金錢的「愛」，才是通往所有惡行的道路，但並不表示富人就一定是惡人，全看他們用錢來做什麼而定。

那麼，金錢可以用來達到什麼「更大的目標」呢？就在這裡，亞里斯多德非常明顯的在這些年裡影響我的看法，即使我以前從來沒有意識到他的影響。對亞里斯多德而言，Eudaimonia就是一個好的人生關鍵，這個複雜的希臘字通常被譯為幸福（happiness），但是亞里斯多德的意思並非如此。幸福對亞里斯多德來說，不是狀態，而是活動。幸福不是拿著一杯酒躺在沙灘上看書，也不是和夢中情人恣意做愛。Eudaimonia更恰當的翻譯是蓬勃活躍（flourishing），是盡全力做你做得最好的事。有意思的是，這也能運用在組織上面，不過，現在的管理大師們稱之為「最適化核心能力」。我比較喜歡亞里斯多德的用語。

亞里斯多德主張，我們和其他動物有別，原因在於我們的推理能力。我們是所有物種中唯一不是只受到食欲和本能驅使的動物。因此，我們的人生任務是盡可能把自己原有的一切發揮到極致。每個人都可以成功，傑佛遜（Thomas Jefferson）非常了解這一點。以生存、自由和追求幸福作為美國式生活的三個基石，是他的偉大宣言，但他並不是提倡放縱自我，而是在呼籲所有公民將自己的生命發揮到極致。

經過這麼多年，我再度浸淫在亞里斯多德的思想中，今天的我懂得多了，而且讚嘆他已經預見今天的許多困境。生命，在很多方面對我們人類來說，似乎經過數千年也沒怎麼變化，不管科技有多大的進展。然而，正如亞里斯多德的弟子亞歷山大（Alexander）[3]忽視他的智慧，年輕的牛津學子如我，也沒把他放在心上。或許人生有些階段是在追求衝勁、冒險、雄心，而要到後來才會開始反省，並得到某種智慧。我後悔當初沒有把握機會，更認真看待亞里斯多德，更認真聽

3 譯注：指亞歷山大大帝，十三歲時受教於亞里斯多德。

導師的教導。大學教育往往浪費在年輕人身上；那個階段的人生旁鶩太多。

不過，儘管有那些旁鶩，我的牛津歲月還是留下一些東西，牢牢跟著我。大多數的教育是一個世代將知識有系統的傳遞給下一個世代的方式。就這點而言，教育是社會化的手段，使年輕人熟悉長者的行事。我們的中小學和大學隱約發出這樣的訊息：只要學我們，你就沒問題。如果世代遞嬗間的變化不大，那麼這個方式多少行得通，世界一切美好。但是那樣一個事事如預期的世界正在改變，甚至在一個世代之內就已經全然改變。昨日行得通的方式不一定幫得了今日的你，甚至可能成為阻礙。牛津提供你一個機會，你可能可以靠背書記住偉大的作品，在試場中反芻吐出，但是你的牛津日子不會過得生氣蓬勃。我花了一點時間才明白這個道理，一開始我被課程表嚇壞了，顯然我得把絕大多數的古典典籍以及從早期希臘直到當代的所有哲學都讀完。我記憶力不好，又很容易對不感興趣的東西覺得厭倦，我怎麼應付得了？

## 假使你的答案更好，書本上的答案一點都不重要

不久我找到另一個方法。我永遠不會忘記，而且永遠感激我的導師雷吉・波頓（Reggie Burton）早期給我上的一堂課。我按照他給我的作業，將邱吉爾的一篇演講翻譯為希臘文。他讀著我的譯文，時而打勾勾，時而質疑某些字句。有個字他沒見過，他說：「我不認得這個字。」然後打開厚重的李德（Liddell）和史考特（Scott）編輯的希臘詞典，「唔，看來李德和史考特也都不認得。可是，我認為希臘人應該會看得懂，沒錯，他們應該會喜歡這個字，很好。」打一個勾。假使你的答案更好，書本上的答案一點都不重要，那天下午我學到這件事。是的，現在我已不記得那是什麼字了。

我的記憶力仍然很差，但現在我不太在乎了。我現在說，記憶力差可以啟發創造力，而且那個傳說中的愛爾蘭人不是這麼說嗎：「在我聽到自己說的話之

前，我怎麼會知道自己在想什麼？」[4]即使我常被自己說的話嚇一跳，但我從說話和辯論中學到的東西，要比從書中學到的東西更多。我過了好些時間才對自己有信心，知道要相信自己的經驗，同時準備好必要時得拋棄這些經驗。

或許想來很怪，所有這些東西竟然來自於學習古希臘典籍。可是，我的古典學文憑，正式稱呼是Literae Humaniores[5]，傳統上一向被視為最佳的養成教育，用來訓練那些注定要監護社會一部分的人。即使那些人跟我一樣，把以前會的拉丁文和希臘文都忘得一乾二淨，也不記得希臘羅馬歷史哲學的細節，都沒有關係，他們會學到獨立思考，以清晰順暢、邏輯連貫的方式表達自己的想法，並應用在自己的人生中。或許，這就是殼牌公司那些人說頭腦訓練有素、內容無關緊要的意思。

多年之後，我的兒子開始舞台劇演員的事業，他給我看舞台劇節目單背後他提供的簡歷。我評論道，他怎麼沒提自己的教育背景，那可是包括劍橋大學三年的學習和一個優秀的文憑。他說：「老爸，這裡重要的是你能做什麼，不是你在哪裡學習，或怎麼學習。」教育的果實必須等到很後來才能嘗到。不幸的是，除了畢業成績單，我們沒有多少測量標準。當時我並不懂牛津給我的人生打下什麼基礎。這本回憶錄我想就是一個記錄，記下我如何運用在牛津得到的東西。我也很感激自己終於再度回到亞里斯多德的思想。他幫助我釐清自己後來的人生，讓我不那麼仰賴他人的肯定，使我重新把生命聚焦在Eudaimonia，而且，最重要的是，協助我培養和家人、朋友的關係，這也是亞里斯多德思想的另一個偉大主題。

很可惜，當時我並不知道這一切。人生智慧的來到需要時間。此時，我在人生的學校裡，也就是殼牌公司，還有其他的課要上。

4 譯注：這是在開愛爾蘭人的玩笑，指他們話太多。

5 譯注：拉丁文，意為更人性的學科。

# 第四章
# 婆羅洲的教訓

「你早餐一向都會喝白蘭地嗎？」

銷售經理彼得．梅森（Peter Messum）這麼問我，斜眼看我咖啡杯旁的酒杯。彼得是我的直屬主管，他從新加坡來到砂勞越的古晉，而我是新加坡殼牌石油公司在古晉的業務代表，負責砂勞越和汶萊所有的石油銷售，時間是一九五九年，兩地仍屬於英屬婆羅洲，汶萊的面積約為砂勞越的一半。

「不會，當然不會，只是最近我覺得有點疲憊，發現早上喝一小杯很能提神。」

這不是實情。實情是我想離開，倒不是想離開殼牌公司，而是離開婆羅洲。我天真的希望大咧咧表現出對白蘭地上癮，能促使他找人替換我。我前一任的業務代表不就是因為酒精中毒住院治療後，匆匆忙忙被送回家的嗎？他之前曾經抱怨有動物在牆上爬，那可是酒癮發作時的標準幻覺。

## 把人丟下水，讓他們自己學會游泳

當時我才二十六歲，已經在新加坡、馬來亞和婆羅洲替殼牌公司工作三年，沒放過一次探親假。當時外派工作的正常合約是三年，可是我雖然快要期滿，心裡卻老是不安，很怕太久不見，會被遠方的親友遺忘。我在砂勞越等於是獨自一人，只有另外一個年紀比我還輕的外派人員德瑞克．侯爾衛格（Derek von Bethmann Hollweg），協助我在一個比英格蘭更大的國家裡管理所有的轉運站和銷售點。在那裡，河流是唯一的大道，大部分的人住在叢林裡的村落；電話線路連不上新加坡，總公司很少人覺得有必要來訪視。婆羅洲雖然風光美麗，但是一九五〇年代末期的古晉算不上文明重鎮，在一個年輕單身漢眼中更算不上。我寂寞、想家，老是夢見寒冷的聖誕節。而且老實說，我也希望在自己的紕漏東窗事發前趕快溜走。

那個時候，殼牌公司是用沉浸理論（immersion theory）來培訓經理人：把人丟下水，看他們能不能自己學會游泳。支持這套理論的理由可多了，但如果在我被丟下水之前，能先讓我略知工作內容，我會非常感激。畢竟我在大學讀的是希臘文、拉丁文和哲學，連煤油和汽油都分不清，更別提在遼闊的地區組織、管理兩百多人的種種細微末節了。我坐在新加坡地區總公司的辦公室裡，假裝自己是經濟學家，正在設法預測東南亞可能需要多少石油時，突然被叫到總經理的辦公室。

「你對砂勞越了解多少？」他問。

「不太多，」我回答，心想不知道什麼事要找上門來了，「那裡多數居民是戴亞克族（dyak），首府是古晉，生產胡椒。」

「好吧，你會慢慢了解更多的。我們要派你去那裡當行銷代表，接替必須回英國的同事，週末以前你就得動身。韓第，這對你可是個令人興奮的機會，是你第一件獨當一面的差事。銷售人員會向你說明市場狀況，祝你順利！」他站起來，伸手來握我的手，我知道這表示會談結束了。在我還沒搞清楚自己的生活剛剛發生什麼變化之前，人已經走到他的門外。這就是殼牌！正如敝公司當年的廣告語。

我只知道「令人興奮」是個不祥的字眼，透露出將來的問題大概會和機會一樣多；沒多久，我在銷售部門辦公室發現自己的預感沒錯。首先，殼牌占有九五％的市場，這個數字只有下跌的可能。然後還有飛機油料的部分，我們擁有一〇〇％的飛機加油生意，當地共有六座這種加油機場，散布在這片滿是河流與叢林的土地上。我呢，替車子加油是知道的，但是幫飛機加油就另當別論了。我最好弄清楚，而且要快。

我敲了飛機油料部經理的門。

「我要去接下砂勞越的工作，」我告訴他：「我必須學會飛機油料部的生意，大大小小的事全都得學會。」

「好極了，」他說，臉上亮起熱切的光芒：「我們會替你設計一個實地操作的特別課程，包括讓你親手把油加進真正的飛機裡。會很有意思的，你一定會喜歡，而且會讓你用最好的方式學會所有東西。」

「那太棒了，」我說：「問題是，我後天就要動身。」

「這樣的話，」他看起來很傷感：「我們只能到教堂祈禱。」我們真的去祈禱了。

乘達科塔式（Dakota）單翼螺旋槳機飛到古晉需要兩個小時。記得當我們飛入海岸線時，我往下看著那無邊無際的叢林，以及河流畫過的褐色蜿蜒長帶。我尋找道路的蹤影，卻遍尋不著，後來才曉得，整個地區的道路總長只有三十英里，全在幾個市鎮內外，就連殖民地總督的宅邸也只有水路可以到達。我心想，這下子我到了一個什麼世界？我要怎麼應付？行之有素的軍中原則似乎是唯一可行的答案：「照著幹下去，上士。」幾百年來，初出茅廬的年輕軍官都這麼指揮士官，說不定對我也適用。

來接我的是營運經理，一個很稱職的歐亞混血兒。我很快就發現，他已經在那裡待了相當長的時間，看過好幾個年輕經理來了又走。他會成為我的眼睛、耳朵，也會是動手執行的人。問題只有一個：他凡事都按照規定來，如果出了個手冊上沒提到的問題，就束手無策了。他也不認為自己的職責包括增修這本手冊，或主動提出解決方案。他的字典裡沒有「創業精神」這個詞，而「實驗」這個詞他聽了就發抖。不過不要緊，那部分就用得上我了。畢竟這是我來這裡的目的，不是嗎？

## 如果高速撞上浮木，小心成為鱷魚的獵物

我出發巡察自己的新領土。那時候，要到英屬婆羅洲的任何地方，首先得飛到詩巫（Sibu）這個鳥不生蛋的地方，然後搭船上溯拉讓江（Rejang）六十英里。這條大江在詩巫那裡的江面有半英里寬，滿是鱷魚，是婆羅洲的主要水道。然後，我得坐上一條長而窄的露天船，船尾掛著強力的舷外馬達，而開船的人，你會希望他熟知這條大河的性格和脾氣。由於江面遍布浮木，你也會希望他有一流的眼力；這些木頭從上游的伐木林場脫逃，它們飽浸水分，只有頂端露出水面，如果高速撞上一根，你就必須和鱷魚一起游泳。黃昏來臨時，駕船人拿出手電筒照著浮木，而我則摒住呼吸，希望再轉一個彎就看到上岸的碼頭。

村落裡的土著戴亞克人住在長船或獨木舟裡，他們需要汽油使舷外馬達運

轉。那就是我的工作：以最低的成本供應他們的需求。油品補給的方式，在我眼中十分可笑。燃料裝在四十五加侖的汽油桶裡，疊放在破爛的老舊汽船甲板上，從古晉運來。油桶先在古晉添滿，然後用人力搬上船、搬下船，以極不安全的狀況存放在村落裡，之後，再以人力將空桶子運回古晉。這樣做的成本高、效率低，而且更糟的是，危險性很高。因此，當我遇見約翰·雷諾茲（John Reynolds）時，我以為找到了解決辦法。這一次，我可不要讓新加坡的任何人先知道。我已經曉得那些人對年輕人的新主意不抱好感。

雷諾茲是那種膽子大、愛冒險的生意人，跟傳統生活格格不入。他粗獷英俊，大我十五歲，說得一口好故事，曾經念過伊頓公學。他擁有一艘運送大宗散貨的汽船，正在招攬生意。我們兩人商量，何不直接在村落的江岸放個儲油槽，就不需要這些汽油桶了。以他的汽船運送汽油，便宜、安全又迅捷。但是，我們必須先做好功課，找到可以放置計畫中五千加侖汽油槽的地點。所以我們啟程去勘查拉讓江，以一週的時間噗嘟噗嘟上溯大河，連著幾天幾夜和世界失去連絡，眼中所見只有褐色的河水和叢林，偶而有幾隻鱷魚和我們作伴。唯一的問題是，雷諾茲不信任河水（這點他是對的），而是信任雪利酒。我們喝雪莉酒，以壓力鍋煮菜時也用雪莉酒，除了洗澡沒用之外，什麼都少不了它。傍晚，船綁在河岸，除了叢林的聲音和暗色江水拍岸之外，一片寂靜。雷諾茲說著自己在流浪中經歷種種難以置信的故事，我聽得如癡如醉，兩人都處在酒精帶來的朦朧狀態。那是我從來沒有夢想過的生活。有那麼一剎那，就一剎那，我問自己，在愛爾蘭牧師宅邸的父母若知道我當時的情況，不知會做何感想。

我終於回到古晉的辦公室，做了些計算。用雷諾茲的散裝貨船省下的運費，能在十八個月內付清儲油槽的成本。新加坡總部很滿意這些數字，同意了計畫。我跟雷諾茲簽好合約，也訂下大油槽，在村落的江邊安裝妥當。四個月後，我和雷諾茲的處女航啟程。從古晉出發兩天後，船過詩巫，抵達我還留有過去印象的一段河流沿岸，不過似乎有什麼地方不太一樣。江面明顯變低。是的，雷諾茲說現在是旱季，水位下降很多。他這話其實還太輕描淡寫。當我們抵達最大的村落加帛（Kapit）時，新的油槽是在那裡沒錯，但是不在原本該在的水邊，卻在離河幾百英尺的岸上，油管根本搆不到，而且聳立在我們上方的油槽看來岌岌可危。很明顯，油槽完全沒辦法使用。其他村落也一樣。

## 我手下的職員看著我一步步走向慘敗

問題根本無解。如果把油槽設在旱季水位的高度，等到下起雨來，就會淹沒在水中。如果我們配合雨季，那麼水位下降時油槽就會離水太高。我怪雷諾茲，他說他只是按照我的吩咐去做，這替我們短暫而醉醺醺的友誼畫上可悲的句點。油槽最後運回詩巫，當廢鐵出售，而且在寫這本書之前，我從來沒跟任何人提起這件事。新加坡那些人從來沒有發現，不過村人可是注意到了，他們嘴邊斜斜的笑容，再清楚不過的說明他們對我的看法。

我不需要什麼評估面談，就知道自己有多笨，這對公司形象的損害有多嚴重，而不問同事意見就一意孤行有多愚蠢。我手下的職員幸災樂禍、甚至是興高采烈的（我猜想）看著我一步步走向慘敗。這是從錯誤中記取教訓的最佳範例！我準備做一件新的重大任務，藉此重建信譽。然而，假使我能在新加坡的經理風聞之前先把錯誤改正，就不需要靠接受懲罰來記取教訓。我決定向古晉的員工開誠布公，承認自己犯的錯，請他們以後假使看到我再出錯，一定要幫我的忙。

此刻，我在早餐桌上面對銷售經理，心想不曉得他知不知情。假使知情，他也沒說半個字。據我所知，我的下屬也從來沒對別人提起這件事，反而還給我機會將功贖罪，這在組織裡並不常見，雖然我們應該常給犯錯的人這種機會才對。他們表現出來的忠誠和諒解，其實比我應得的更多。

那天晚上，我一個人坐在陽台上，花園裡青蛙的大合唱，正跟留聲機播放的貝多芬樂曲爭鳴，我問自己（而且不是第一次這麼問），自己在這裡做什麼？是的，婆羅洲的經驗的確很有意思，甚至令人興奮，我很感激殼牌公司任我犯錯，而且容許我悄悄更正錯誤，但是我的腦中有一部分很明白，我不是做這個工作的料子，別人顯然能做得比我好。銷售經理想給我一點幫助，在離開前告訴我，我顯然不愛聽人發號施令，喜歡按自己的方式做事。「要想在這家公司出人頭地，你得把這點改過來。」他說。這句話不幸言中了。

兩個月以後，我回到倫敦，瞞著殼牌公司開始申請其他商業界的工作機會。我仍然確信自己的未來是在這個領域，不過，最好是離家近一點。我去了第一個面試。

「你有管理的經驗嗎？」那個人問我。

我挺起胸，暗自得意的說道：「嗯，我掌管一家行銷公司，負責的銷售範圍跟英格蘭一樣大，約有兩百人為我工作，還管理六個機場、四個轉運站。」

「這樣子啊，那是在什麼地方？」

「在東南亞的婆羅洲。」

「我明白了。」

我倒著讀他寫下的字：「沒有相關經驗。」

或許我的經驗不合乎他的需要，但絕對合乎我的需要。況且不說其他的事，我至少發現什麼事情是這輩子不想做的。有的人會稱之為負面學習，但是我視之為很有用的實驗結果。假如你所有的生活實驗都得到好的結果，那麼很可能是你把自己推得還不夠遠。如果勇氣大一點，或許這個世界上有別種生活可以屬於你。當我申請加入殼牌時，我對工作內容，或是自己會不會喜歡、能不能勝任那種工作，簡直一無所知。現在我知道了。

## 文憑只是繼續學習的資格

婆羅洲是我在殼牌見習三年的高潮。那段日子事情層出不窮，而且無法事先安排，但這或許反而更好。公司沒有正式的培訓計畫，哪裡出缺，就被安插到哪個職位。我從倫敦來到吉隆坡時，這種即興式的培訓方式就開始了。吉隆坡辦公室根本沒料到我會出現，當地年輕的總經理卻毫不緊張。

「這樣吧，」他說：「開始的兩個月，你不如待在我的辦公室。別開口，只管聽，只管觀察。除非是非常私人或非常機密的事情，不然你可以整天坐在這裡，如果我出去拜訪別人，你也可以跟著我去。這樣，你就會有概念知道我們的業務怎麼運作。每天傍晚我們可以訂個時間談談你的觀察。搞不好我從你那裡學到的東西，會跟你從我這裡學到的一樣多。」對於我進入的這個世界，這是再好不過的介紹課程了，儘管有些老資格的員工看到我坐在那裡聽他們開會頗不以為然。隨後，我被賦予一連串的研究任務，全都直接向總經理負責。對一個新進人員而言，以這種商業版的書僮角色來認識一家新公司，是個有趣而寶貴的經驗，不過，兩個月不開口也夠我受的了。

一年以後，在去婆羅洲之前，我又碰上一個突如其來的培訓計畫，那是我頭一次嘗到殼牌愛給員工「沉浸」教育的滋味。我被召喚去見新加坡地區總部的總經理。「倫敦要我們指派一個經濟學家負責東南亞，」他告訴我：「我們覺得你會幹得非常好。」

「可是，我一點也不懂經濟學，」我抗議道：「我在大學讀的是希臘文和拉丁文。」

「可是你讀的是牛津，不是嗎？」

「是的，是牛津。」

「那麼，」他微笑：「這樣就行了，你會應付得來的。」我突然明白了，文憑只是繼續學習的一個資格，是教育的起點，不是終點。

我出去買了一本黃色封面的小書，叫做《自修經濟學》（*Teach Yourself Economics*），比過去還認真的閱讀。這項工作是預測石油產品在那個地區的需求。殼牌發現，石油消費和國民生產毛額（GNP）強烈相關。我的痲煩是，新加坡那時還是英國殖民地，沒有官方的國民生產毛額統計。假如我的預測要有憑有據，就必須先估計出最接近的國民生產毛額值。我不能假裝那些數字有多準確，我也不認為自己的預測在整個計畫中有多重要，但我能說的是，假使你想知道一個國家內部的情況，最好的方式是估計那個國家的國民生產毛額。因為我是殼牌的經濟學家，我能見到各方政府官員和商業領袖。不過，我從來沒有搞清楚過華人的貿易公司，或是名目繁多的各種餐館可能的銷售總值。

一個月以後，我應邀到新加坡大學一個探討石油產業未來的研討會上發言。這時候，我有了另一個發現：如果你真的想學好一樣東西，可以去教教別人。按理說，那個時候我知道的東西要比聽眾多，演講應該不是太大的挑戰，然而想到要上台說話，就不得不仔細翻閱書籍和統計數字，一直看到深夜。從此，為新的聽眾和讀者演講、寫作，就成為我特別喜歡的挑戰；我知道我學到的東西要比他們學到的東西更多。

## 主導事情的往往是層級很低的人

殼牌也教會我，人是最大的關鍵。到了新加坡沒多久，我見到當時的銷售經理亞德里安·夏普（Adrian Sharpe）。他告訴我，我是公司要他訓練第一個非技術專業的大學畢業生。「你在那個大學讀的是什麼？」他問。

我覆誦那兩個可悲的詞：「拉丁文和希臘文。」

他大笑。「你跟以後你要管理的那些華人業務員在一起時，這兩樣東西可派不上用場。今天晚上我帶你出去吃飯，去和其中幾個人見見面。今晚你會真正開始學習。」那天晚上他們想把我灌醉，不過，牛津至少也教會我喝酒。等到漫長的一晚結束時，是我把夏普送回家的。我通過第一關考驗，但我開始明白，眼前的未來我得更仰賴這些人，而不是仰賴自己的頭腦。從那時起，我總是設法知道究竟是誰在主導事情，答案往往是層級很低的一些人，原因是他們擁有強大的「負面力量」。除非我們能彼此互信，否則事情是幹不成的。我還在婆羅洲學到，一開始就找對人，是經營所有業務的關鍵，而第一印象並非永遠可靠。雷諾茲教會了我這一點。

後來我在倫敦商學院的時候，我看著一位同事離開學校，改開餐廳。六個月後我遇見他。「進行得怎麼樣？」我問：「能把高效能團體工作的所有知識運用在實際情況裡，一定很過癮。」

「你知道嗎？」他說：「我發現如果一開始就找對人，根本就用不著那一套東西。如果人沒找對，那套東西有也是白搭。」

## 願意做比擁有高智商有用

殼牌公司教會了我，庫存的知識無法常駐。除非課程和經驗結合在一起，否則學到的東西會蒸發掉，有時甚至像我這樣，在來不及上課之前，先累積了經驗。在我看來，這也是為什麼許多正式教育都被浪費了。拿蘇格蘭企業家兼慈善家湯姆·杭特（Tom Hunter）的話來說，在世間事務上，「願意做（I Do）比擁有高智商（IQ）有用。」這也是我從殼牌學到的功課。你不妨大聲唸唸這句話。

不過，光有經驗、沒有反省咀嚼，也沒什麼幫助。後來當我太太做婚姻輔導的義務諮商員時，我在一旁觀察。每位諮商員有一個指導老師，一個月碰一次面；每兩週諮商員也要彼此聚會一次，檢討自己的個案，由一個協調人從旁輔導。聚會的目的不是批評或指責錯誤，而是了解、學習，並得到幫助。絕對的誠實是要件，參與者也必須願意接受自己犯錯的事實，或願意承認自己不曉得如何繼續進行。商業組織採行的員工評估制度，正如字面意義，只是在做評估而已，但評估不可避免會帶有判決的意味，因此導致員工產生防衛性的反應。

有些組織亡羊補牢，正在學習諮商人員所立下的典範。這個觀念在一九九一年波斯灣戰爭時也被美軍採用，「任務後檢討」（After-Action Review）成為他們作業流程的一部分。這是定期的小組會議，每執行一次任務、每和敵軍接觸一次，都要開一次這樣的會，以強化原始目標，並檢討實際的執行狀況、何以發生如此狀況、小組成員學到的教訓，以及下一次將如何執行等等。我當時沒有這樣的小組能跟我一起進行任務後的檢討，退而求其次，我不怕麻煩的寫了檢討報告，只不過是寫給自己看的。那個時代的骰牌公司不喜歡錯誤。他們要的是一個不出錯的系統，缺少有錯也無妨的文化。

最後，而且最重要的是，我揚棄以前在學校中學到的一大教訓：總有別人比我更懂。我現在知道了，人類發生的大多數狀況都沒有課本上的標準答案可以參考，而且每個人都不一樣，大多數時候你必須自己做判斷、自己下決定，然後堅持你的決定。只有在技術問題方面，會有專家知道得比你多。這是牛津一直想教會我的。簡單的說，我懂事了，雖然晚了點，但不算太晚。

後來當我負責一個新進主管的管理課程時，一開始我會請每位成員回想他們生命中迄今最重大的學習經驗。這個問題我問過那麼多次了，從來沒聽過任何人提到大學或更後來上的課。大家說的總是與死亡擦身而過的故事，也許是自己，也許是親近的人，或是某個自己不知所措的情境，或是把能力發揮到超過自己所及的經驗。「所以現在你們知道了，」我會告訴他們：「這個課程不會是你最值得回憶的學習機會，除非它能幫助你反省並且了解自己過去已有的經驗。如果能辦到這點，就能使你更妥善的處理將來遇到的難題。經驗加上反省，才是不會消失的學問。」就我而言，我離開婆羅洲時以為自己長了智慧，更懂殼牌和這個世界，哪裡知道，我的經驗和學習才正要開始。

# 第五章 黃金種子

最近在一個老朋友的葬禮上，我被要求說幾句話。去世的朋友是派翠西亞・坎達爾（Patricia Kendall），不過我最早認識她的時候，她用的還是娘家姓氏羅陵斯（Rawlings）。當我在想該說什麼時，才發現我認識她比認識自己太太的時間還長。然後我才恍然大悟，我欠她的要比我自己明白的多得多。在我生命的一個關鍵時刻，她輕輕的把我推進一扇門，而我從來沒有向她道過謝。終於，我可以這麼做了，雖然這是遲來的致謝，她已經聽不到了。

派翠西亞是在新加坡進入我的生命的，當時我被殼牌公司外派新加坡，那是我第一次出國工作。那個時候殼牌雇用幾位優秀的女同事照顧外派員工的個人事務，派翠西亞是其中之一。她們負責處理搬到另一個國家居住時，所有那些煩人而複雜的生活細節，像是找房子、安排交通行程等等。這些女同事往往成為我們傾訴的對象，尤其是像我這種寂寞的年輕單身漢，離開如魚得水、安全舒適的領域。她調回倫敦時，我很傷心。

六年以後，我也啟程回到同一個地方。我在新加坡、馬來亞和婆羅洲待了兩個三年任期，殼牌公司決定時候到了，該把我調回倫敦總公司待一段時間，讓我回到世界的中心。外派的好日子結束了，我的單身漢日子也結束了。我和伊麗莎白訂了婚，即將在秋天結婚。能回倫敦我很高興，沒想到，我的生活水準從此劇跌。

結識伊麗莎白時，我在馬來亞南部海岸的麻六甲當殼牌的經理。我住在一棟上好的殖民式大宅，有花園、網球場，有廚子煮飯、僕人清掃、園丁整理庭院，晚上還有武裝的守衛看門，我的客人甚至有獨棟的宅院可住。伊麗莎白的父母來住過，他們對我的生活方式印象很深刻。等到他們來倫敦看我時，好印象便完全破滅。我能提供他們女兒的是南倫敦兩房的地下室出租公寓。「可是，你說你升職了，」他們十分困惑的說。我是升職了，但不幸的是，我不再是海外員工，過的不再是那種夢幻的日子，我只是一個普通職員，領的是英國薪水。生活突然回到現實。

## 工作量過少、責任太輕的「壓力」

我升上的職位也有點讓人失望。新頭銜很了不起，辦公室門上金屬牌寫著：地中海區石油行銷總聯絡。可惜的是，我也注意到，我的名字沒刻在金屬牌上，而是出現在下面的一塊塑膠板上。顯然我的角色是所謂的「暫時占有職位的人」（temporary role occupant）。我的工作其實是殼牌地中海地區各公司的郵局。他們遞來請求，由我分送給各管理層級中適當的收件人，如果需要，加上幾句適當的建議。我沒有權力做任何決定，我不能訪問名義上服務的地區，當地經理來倫敦時，我也不能和他們見面。

不說別的，這個工作實在無聊透頂。這是我第一次成為看錶等下班的人，也是最後一次。正式下班時間不曉得為什麼定在下午五點二十分，我一秒鐘也不多留，而且總是發現電梯裡擠滿其他員工，都急著在恢復自由的第一時間衝回自己的另外一個生活。那是我首次經歷工作量過少、責任太輕的「壓力」。這份工作我不喜歡，而且老實說我並不擅長。每天一早踏進公司，我相信自己的肩膀絕對塌下兩寸。不知道有多少個鐘頭我瞪著窗外泰晤士河上的拖船來來回回，注意到辦公大樓底下走在路上的人又小又無謂。我暗想，假使指頭一扣，摺倒幾百個人也沒什麼大不了。不知道公司那些高高在上的經理們會不會容許自己這麼想？

我們經常低估職責過少的問題。它造成的壓力跟職責過重在忙人身上引發的壓力一樣嚴重。忙人儘管筋疲力竭，事情總是做不完，有時還無力應付，不過至少他們覺得自己有用、被需要。我正在經歷的職責過少問題，反而使人在心理上更為沮喪。我覺得自己沒用、不受重視，我的工作彷彿是在浪費自己的時間和生命。而我為了薪水不得不戀棧這份工作，只讓我覺得是自己是共犯，跟其他人一樣有罪。我想以某種方式反擊這個組織。就在這時候我了解到，或許我的職位無權做任何正面的貢獻，但是，我有負面的力量。我可以使事情停頓不前。

## 有志難伸的員工

有天我接到一封郵件，是殼牌義大利公司提議的一項投資計畫，他們希望在拿波里灣（Bay of Naples）興建一座煉油廠。我的工作是將這項提議轉交給負責的委員會，但這一次我沒這麼做，因為我覺得在拿波里灣蓋煉油廠會破壞景觀。當然，過了一陣子，義大利公司會明白他們提議的文件失蹤了，而再提一次；而這次，副本會發給所有相關人等。他們最後是得到了煉油廠，可是，我至少拖延他們一會兒。

對那天的行為，我並不感到自豪，但是它卻幫我了解，為什麼有些有志難伸的員工會被引誘運用負面的力量，就連最不重要的職位都具備這個力量。當客服中心接聽電話的女孩掛我的電話、當餐廳侍者不理我、當官員沒什麼理由卻不核准我的營建申請、當機場地勤人員眼看著我跑過來卻關上登機門……，他們很可能都是在發揮負面的力量，因為這是他們唯一能展示自己重要性的方式。最近英國有個調查指出，七二%的員工不滿意自己的工作單位，一九%想加以破壞。我回想自己在殼牌總部的日子，我了解他們的感受。

然後，有天我的老闆從門邊伸進頭來。

「能不能到我的辦公室來一下？」

「沒問題。」他要幹嘛？我們並沒有多少交流。我認為他在浪費我的時間和頭腦，而他認為我不適任這份工作，在浪費他的資源。搞不好他是對的。

「我接到這個相當古怪的請求，」他說。「上面要我放你去殼牌招待所（Shell Lodge）的訓練中心擔任副理。」顯然他認為上面那些人喪失理智。「很可惜，這份工作你才剛開始上手，不過我沒有很好的理由不放你走，所以我已經答應讓你調走。」

殼牌招待所以前是一座維多利亞式大宅，草坪遼闊，坐落於肯辛頓（Kensington）附近的泰晤士河岸，現在成了平民住宅。不過在一九六三年的當時，它可是郊區一座優美的鄉間住宅，我的工作福利甚至包括一棟有四間臥室的房子。那時，殼牌招待所是中、高階管理人員受訓的地點，可容納十八個人留宿六到八個星期。我的任務是負責中階主管的課程，這相當於軍隊的參謀學院，是想在組織裡向上爬的必經路程。課程的設計由倫敦的人事部門決定，而我是執行者。我簡直不敢相信自己運氣這麼好。

直到我在招待所見到新老闆和他太太，我才明白是怎麼回事。我的老闆是坎達爾（Kendall），綽號「好累」（Weary）。他是老殼牌員工，好人一個；他始終沒擺脫那個綽號，而我也始終不曉得他的真名。跟他結婚的原來就是我認識的派翠西亞．羅陵斯。我記得派翠西亞是當時殼牌人事主管的好朋友，我相信是她想把過去在她羽翼下的我重新接來照顧。說不定她聽說我的不滿，仍然視自己為慈悲的守護者，在這個龐大無人性的機構裡保護著我。

# 人生第一份辭呈

在殼牌的計畫中，這份工作只是為了下一次將我調派海外所做的準備。我會深受這個任務吸引，可不在他們的計畫之內。然而，我發現自己對培養年輕經理人去面對一個廣闊世界的挑戰深感興趣。我的直覺告訴我，我找到這輩子要做的事。因此，當殼牌給我下一個任命，要派我去賴比瑞亞擔任公司經理時，我告訴他們我不想去。我想做更多當時正在做的事情，但那不是公司的計畫。因此，雖然不曉得自己要去哪裡工作，我還是坐下來寫下這一生第一份辭呈。

現在敘述起來，事情好像很簡單，可是以前那個時代沒有人會離開殼牌，特別是如果毫無其他工作安排的話。這是我這輩子第一次脫離機構的照料，完全要靠自己，而且沒錯，感覺很可怕。不過，背著我，派翠西亞和我太太正在籌畫一個計謀。她們明白我的腦筋正在打什麼主意，於是她們連絡綽號「辛巴達」的辛克萊（Sinclair）。我在東南亞時，辛巴達是倫敦總部的東南亞地區經理，也是派翠西亞的老友之一。我運氣很好，當時他已經從殼牌退休，正在擔任管理教育基金會（Foundation of Management Education）的執行長。基金會由幾位商業領袖籌辦，打算出資建立英國首批的商學研究所。他向亞瑟．厄爾（Arthur Earl）博士推薦我，厄爾博士奉派擔任未來倫敦商學院的校長，不過此刻商學院只是一間辦公室、只有一個檔案櫃和一支電話。

厄爾問我：「你能教什麼？」

「嗯，我想我能教管理，這是我一直在做的事。」

「我們不教管理，」他說，我大為訝異，開始懷疑自己是不是來對了地方。他接著說：「我們要教財務、行銷、經濟，這些管理的基本元素。你能教任何一科嗎？」我告訴他，很不幸的，那些領域我沒有一樣有資格教。道歉的老話又得重提，我在大學讀的是拉丁文、希臘文和哲學。

「很好，」他說：「那你能教邏輯，經理人絕對需要邏輯。可是，你還可以負責一個菁英學程計畫，我們希望從史隆基金會（Sloan Foundation）拿到這個計畫的錢。那是給傑出主管在事業中途的進修課程。」

## 時機和人脈的引領人生新方向

於是我的未來就此訂定，正如世間這類事情通常的發展，是在時機和關係網的混合下出現的，還有派翠西亞的影響。要到現在，當我回顧過去時，我才能好好認清派翠西亞的貢獻，看到她在明白我想做的事情之後，如何將我從總公司的酷刑中搭救出來，使我順利過渡到更適合的人生方向。她從來沒有說起這件事，從來沒有提過任何建言，從來不自居比我更了解我，她只是在她認為能幫我的時候幫我一把，而她一次也沒有提過自己在其中扮演的角色。這大概是我為什麼從來沒有向她道謝的原因。

她還在另一方面輕輕推了我一把，不過那時我並不了解。在派翠西亞和「好累」替我辦的私人歡送會上，她給了我一個臨別贈禮。我拆開那個形狀特殊的包裝，很好奇裡面會是什麼。等包裝完全拆掉時，我一下子不知說什麼才好。那是一個不沾煎鍋，一九六五年的新發明，鐵氟龍是美國太空計畫的副產品。可是這個禮物跟我的預期並不怎麼符合。也許她只是想給我們的新生活一個實用的東西，但是回想起來，我不禁覺得，她其實是不著痕跡的建議我，在我的生活中除了工作以外還有其他東西，男人的角色理當可以延伸至廚房。假使如此，那麼，她又再一次預料到我未來生活的一個重要部分。

最近一個會議上，主講人請大家列舉在我們生命早期影響最大的三、四個人。老師是大家名單上的要項，母親也是，不過我有點傷心的注意到，父親很少出現。在我的名單上，太太伊麗莎白必須放在第一位，她對我的能力所抱持的信心從不動搖，要做到這點是很大的挑戰。接下來我和大家一樣，列了兩位老師，一位是布洛姆斯林學校教古典文學課程的山姆．達比（Sam Darby）老師，他對我有十足的信心，推薦我拿牛津的獎學金。另一位是倫敦商學院的校長吉姆．波爾（Jim Ball），他在我還沒有適當資格、還沒發表論文、還沒寫出學術書籍前，就急匆匆的聘我當正式教授。

## 新鍊金師的影響力

發現別人對你的潛力有如此信心，可是件嚇人的事，你不能辜負他們的期望。如今又多了派翠西亞。懊惱的是，我發現我從未向他們任何一人好好道謝過。伊麗莎白和我合寫了一本書，討論我們稱之為「新鍊金師」（New Alchemists）的人，他們都是某種類型的創業者，而他們生命中都有一個共同點：在人生的早期有一個值得尊敬的人介入，給了他們對自己的信心，使他們能獨自出航。在寫完那本書之後，我才發現佛洛伊德（Sigmund Freud）曾經稱此為「黃金種子」。

那粒種子往往只是無心的一句話，有時候也可能是及時的借款或贈金，是時機恰到好處的引介、推薦，或是得到機會去承擔自己從未負過的責任；這些全是別人相信你有能力的明證。我們的一位鍊金師荻依（Dee），曾經聽她的老師不經意的對她說，她的考試成績是該區第一名，從此她牢記在心，種子已經播下。後來在申請醫學院時，她知道自己會成功，即使她的年齡超過錄取資格規定的歲數。因為，「你知道，我曉得我很聰明。」我不知道荻依有沒有向老師道過謝。

根據我的經驗，現在我知道，老師、父母、伴侶，甚至經理人，都必須為他人而活。也就是說，如果他們所培育、教導、指引的人有任何成就，他們都必須將自己的與有榮焉藏在心裡，因為受自己所幫助的那些人很少會在當時就明白自己的貢獻，縱使了解，也往往視為理所當然。如果你夠幸運，等時機成熟，他們會回來向你道謝。

不管察覺與否，黃金種子的播種（行動也好，一句話也好），都是任何人能為另一個人所做的最讓人喜悅、也最重要的一件事。世界缺少這樣的種子。有時候，這樣做似乎在文化上並不適宜，例如一個老派的企業領導人曾大聲告訴我：「他們不需要我明白的誇獎，他們知道，只要我不對他們大吼，就表示自己做得還可以。」黃金種子很少會在正式的評估場合播下，或許因為大家已經預期，正面的評語是這類儀式的一部分。而像婚禮時撒綵紙般一撒一大把的種子，也很少會發芽，因為它們不被當真、不受重視。種子必須是真心的，誠懇的，而且可以是匿名的。我收過一張卡片，寄件人我從來沒聽過，卡片上只說：「我讀了你的書。謝謝。」沒有回郵地址，我無從回信。我相信那表示了誠意，我也打心底感到溫暖，受到鼓舞，因為寫作是件寂寞的事。

派翠西亞一點也不知道什麼黃金種子，但是她對我的信心，以及就她能力所及給我的幫助，在我努力開展新生活之際，大大提振我的士氣。我沒料到的是，我的新生活會在美國展開序曲。我跟倫敦商學院的新校長會面後，才知道至少要再等一年，史隆基金會撥給英國的款項才能確定，因此趁機到美國去學習史隆在那裡的兩個學程是怎麼進行的，似乎很合理。而麻省理工學院此時邀請我訪問一年，學習他們的經驗。那時管理教育基金會（又多虧了辛巴達）正在資助願意去美國商學院見習的人，因為當時英國沒有大學設商學院。因此，我們帶了六星期大的小女兒，在一九六六年五月飛到波士頓。那時候，對大部分歐洲人來說，美國還是一個未知的國度，常被討論，卻很少遊歷。甘迺迪已死，越戰正在進行，民權遊行是頭條新聞，而美國的繁榮是經濟仍然困窘的英國所豔羨的。我們心中雀躍，充滿期待。

## 擁有無窮信心的國度

一抵達波士頓的羅根機場，我們就嘗到在新國家的第一個體驗。那天又熱又悶，移民官員的心情不是很好。汗溼的襯衫塞著他臃腫的身軀，他皺著眉看我們。

「你們來自天花疫區，接種疫苗的證明呢？」

這在預期之中，因為兩個月前，德國南部有個城市出現一起天花病例。我們的防疫證明在期限之內，但是不包括嬰兒。我們的醫生不主張為年紀這麼小的嬰兒打預防針，因此給了我們一封信作為證明。現在在官員面前，這封信毫無效力。

「我們必須把你們全部隔離四星期。」說完後他就消失在後面一間辦公室，去安排相關事宜。我倆面面相覷。

他回來的時候，我向他解釋我的任期從當天開始，我必須到學校赴任，而且我付不起四星期的醫院帳單，我太太也加入懇求。他開始同情我們的遭遇，因此說，假使我能承諾，萬一我們被發現攜帶感染原的話，麻省理工學院（MIT）會保證賠償七百萬美元，他就讓我們過關。他拿出一份打字文件，我代表MIT簽了名，當然，我毫無代理權。

當我們去領行李時，我思索道，這的確是個新國家。我喜歡這裡。這個人自己主動設法繞過規定，好幫助一對落難夫妻。他曉得我沒有權力替MIT簽名，可是他手上有一紙文件，當別人質疑時，有必要的話他就能拿出來證明。他相信我們，他找到辦法繞過規定，他讓了步，而且完全沒有找主管核准。

若干年後，我們在加州旅行。抵達洛杉磯的旅館時，我們才發現護照留在舊金山旅館房間的保險箱了。我們打電話給那家旅館，他們把電話轉給整理我們房間的清潔人員。她打開保險箱，找到我們的護照。「我告訴你們我會怎麼做，」她說，「我會把護照交給聯邦快遞，用快捷件寄出，明天早上你們應該就會收到。不用擔心，運費我們會出。」這是一流的服務，而授與她如此權力的組織也是一流。

靈活主動，再加上樂於助人，我喜歡這樣。美國有一種能量，是當時我在英國看不到的，一種跟無窮信心結盟的熱情洋溢，深具感染力。我同意以賽亞·伯林（Isaiah Berlin）所說的，美國人是「開放、有活力、二乘二等於四的那種民族」。因此，所有的事情似乎都有可能。越戰仍然可以打贏，也許吧。登陸月球近在眼前。我們剛到沒多久，在一個晚餐聚會上大家互相腦力激盪，提出新的商業構想。在英國的話，這只會是個有趣的派對遊戲，但這是美國。第二天我接到一通電話：「你那個主意實在太好了，小查，我跟銀行談過了，我能拿到貸款，你說，我們什麼時候開始？」不，我們後來沒有成立公司。我不喜歡自己被叫成「小查」，我也不喜歡風險。我還是太英國作風了。

## 致富是獲得上帝認可的表徵

我最高興的一件事，就是我的出身背景可以從身上剝離。在英國，我一進房間，一張嘴，大家就對我的家庭背景有某種程度的了解。在美國則不然。他們聽得出我是英國人，即使我抗議說我其實是愛爾蘭人；不過除此之外，他們不曉得我的出身，也不想知道。他們接受的是站在他們眼前的我。這是一種脫離自己過去的自由，我可以想像許多移民也很享受這點。

艾利希斯．托克維爾（Alexis de Tocqueville）是教我美國事物的老師。他一八三一年訪問美國時的評論在我看來，到今天都能適用。他論道，美國沒有根繫土地的貴族階級，因此導致獨立精神的產生。他也評論道，就他所知，沒有其他國家「對金錢的喜愛如此強烈的抓住人心」。我也很感興趣，而且必須承認我略感震驚，為什麼金錢似乎是大多數事情的量尺，尤其是在我的商學院裡。美國人宣稱要自由、要平等，但是似乎隨時準備好拿經濟上的平等去交換個人的自由，結果成為已開發國家中經濟最不平等的社會。然而，奇怪的是，並沒有一個社會主義政黨起來矯正這個局面。我得到的結論是，這一定是因為美國夢的力量，憑個人努力可以出人頭地的那個信念，使窮人安於自己的處境。個人自由也意味著，個人需要為自己的命運負責。

我在英國過的是組織化的生活，從來不曾脫離過某種形式的機構保護或引導，這下子可是大開眼界，尤其是當時我正處於一種新的無保護狀態。我開始明白，我未來的生命幾乎完全取決於自己的努力。我了解到，我在美國的這一年將是極為寶貴的一場準備，不管是在文化上或知識上都是如此。

其實，我發現，那種文化有部分要歸罪於我們英國。美國文化的很多成分可上溯至清教徒。清教徒逃離了英國，來到一個新天地。清教徒期待一個改頭換面的新生活，包括重建基督在世上的王國，都是他們這些活著的聖徒要達成的任務。清教徒也相信，一個人透過本身的努力而致富，這是獲得上帝認可的表徵。財富或地位的外顯並沒有任何不對，只要從中得到的愉悅並不至於褻瀆上帝或違反道德就行。由於賺來的錢是值得自豪的，金錢就成為獎賞努力與創造力最容易的方式，也是回報社會最簡單的方式。於是，慈善行為就成為一種禮貌的宣傳「自己的生命很有意義」的方法。

## 只要夠認真，沒有做不到的事

這點我覺得頗為陌生。邱吉爾曾說，假使我們要社會富裕，就必須容忍有錢人。美國不是容忍有錢人，而是欽佩有錢人，只要財富是以正當手段賺到的就行。這些有錢人一個個在ＭＩＴ史隆管理學院像英雄般展示在我們眼前，作為眾人效法的對象，而他們也大方捐錢給校方，讓學校製造更多跟他們一樣的人。

我從小就學到錢有必要，不過錢太多，則略缺品味，因此我對美國人的態度感到奇怪。然而，我逐漸了解，我們應該存疑的不是金錢本身，而是金錢的用途。在某些行業，尤其是在商業界，金錢是成功的外在度量。假如賺到錢的人能運用一部分的錢來裨益社會，那麼大家都是贏家。慈善在美國不是救濟，而是為了社會更好而做的投資。過去我們在英國一直認為社會的未來是政府的工作，如果我們繳了稅，貢獻應該就夠了。這種態度只會強化大家的既有觀念，認為從商很自私。

英國的情況正在緩慢的改變。絕大部分的成人人口都從事某些義工活動，新的有錢人更願意讓人看到自己回饋社會，不但以金錢回饋，更有價值的是以時間和經驗回饋，這方面他們比較像美國人。或許最好的慈善行為是隱姓埋名的，不過，如果回報社會的這種文化要傳布，必須有人站出來當榜樣。企業界也正開始明白，它們之所以能在社會上立足，擁有所謂的經營權利（license to operate），有部分要歸功於繳稅以外所做的有形貢獻。輕視這種新的責任意識，貶之為企業在做公關，並不公平。

一九六七年那個時候，我不確定自己回到倫敦能不能創造相同的氣氛。然而我從美國帶回另一個訊息：未來靠我們創造；只要夠認真，沒有做不到的事；主動創新的精神應該得到容許、得到提倡。之後好多年，我每年都要去美國打一劑能量與樂觀的營養針。我的美國一年，改變了我對生命的態度。

# 第六章
# 教商業的學校

從前英國有三種工作不需要任何資格，也無須任何訓練，那就是政客、父母、經理人。很不幸，這也是特別重要的三種工作。尤其是經理人，大家都覺得隨便誰來當，兩三下就可以搞定，跟做愛差不多，都是正常人天生會做的事，時機成熟自然水到渠成。

可是，我後來發現，就連做愛，也不像大家以為的那麼自然。今天坊間有太多的露骨雜誌、電影、書籍，把什麼該放哪裡示範得一清二楚，非要每個人都知道事情該怎麼做不可。以前我只有一份奇怪的雜誌，名稱是《健康和效率》（*Health and Efficiency*），那是裸體主義刊物，我靠它來熟悉一些常遭刪除的女性身體相片。要知道，在我少年時代的愛爾蘭，就連詹姆斯·喬伊斯（James Joyce）的《尤里西斯》（*Ulysses*）都是禁書。我在適當的時候終於憑經驗學會了，但是過程中少不了許多笨拙的挫折和青澀。

為人父母不見得好到哪裡去，即使我和年輕的妻子手邊有史波克醫生（Dr. Spock）寫給爸爸媽媽們的聖經《育兒寶典》（*Baby and Child Care*），早晚從不離手，而且，我們還有太過熱中於提供忠告的母親和岳母。回顧過去，我只能向兩個孩子致歉。女兒有一次半開玩笑的指控，說我們把她的教育當成社會實驗。這句話只說對了一半；其實她的整個童年都是場實驗。對所有初為父母的人來說，第一個孩子總逃不了這個命運。

## 管理竟然要到學校學？

經理人這行甚至連個史波克醫生都沒有。就我記憶所及，英國在一九五〇年代沒有一本適當的書可供打算從事管理工作的人參考。第一本勉強可讀的書是MIT教授道格拉斯·麥格理格（Douglas McGregor）寫的《管理的人性面》（*The Human Side of Management*），那也要到一九六〇年才問世。殼牌公司非常喜歡這本書。作者把領導風格分為兩類，一種是X理論，假設大家都需要被告知去做什麼，而Y理論則假設大家都會主動做事、負起責任。值得一提的是，殼牌那一年發給所有經理一份報告，簡述書中內容，並下達諭令，從今而後殼牌將是Y理論的組織，卻絲毫不知這麼做會引發多少困惑，因為公司正在使用X理論的手段去實踐Y理論。江山易改，本性難移。

怎麼做個經理人，竟然要回到學校去學，這個想法使人嘖嘖稱奇，至少劍橋、牛津兩學府顯然是這麼想的。它們婉拒商業界的提請，不願建立美國式的企管研究所。「我們又不是職業學校。」一位教授理直氣壯的說。一直要到一九六〇年代初期，英國政府在一批商業界領袖的催促下，才開始操心英國式的管理，開始苦思如何提供較好的管理教育。操心是有道理的。三十年後，我主持的政府報告〈經理人才的養成〉（The Making of Managers）在一九八七年發表；根據我的計算，當時幾乎所有商界主管都在十五歲從中學畢業後，沒再接受過一天的正式教育。原因是，那時只有八分之一的畢業生會繼續念大學，而後者幾乎全都成為專業人士，或成為公務員進入政府及海外殖民政府服務。商業界只好將就著從「生活大學」取才。把生活稱為「大學」，表達當時經理人員的反抗心理。

不過有兩個例外：從軍中退役的人，以及會計師。軍隊很看重管理，軍官招募進來之後就接受訓練，其中那些前途看好的幸運兒，會在晉升途中送去參謀學院，受業時間一般可達一年。不少一九五〇、一九六〇年代的英國經理人都服過役，接觸過軍隊的管理理論和實務。他們把這些經驗帶入自己在商界的新事業，有段時間，英國的公司行號都有相當於軍官食堂的餐廳，經理人在那兒享用三道菜的豐富午餐，而低階人員只能在普通食堂吃飯。這些退役軍官往往要花上一段時間才明白，商業組織的運行跟軍隊不同，發號施令的權力必須靠努力才能獲得，而且主管的權威及伴隨而來的優惠待遇不再被無條件的接受。沒有人會說，打仗的訓練會適用於公司的管理。那只是基於國家戰備需要一個無心插柳的結果。

不過，一般認為商業界管理人員最好的準備訓練是取得會計師資格。我在準備那份〈經理人才的養成〉報告時，發現一件耐人尋味的事，英國的合格會計師有十六萬八千人，相較之下，西德是四千人，日本六千人，法國兩萬兩千人。我們用不到那麼多會計師，他們絕大多數根本不入會計這行，而是在商業組織擔任跟財務無關的經理職。對會計師而言，訓練本身毫無問題。但會計師學到的，是以有形的財務成本與資產為第一優先，而不看重較難量化的人力資產，後者被會計師視為成本。他們的焦點是過去，而非未來，因為只有過去才能精確測量，才能稽核。他們的訓練視風險、不確定性、未知事物為不可取。至於人的管理，在當時的課程中完全沒有地位，因為金錢和金錢的計算是唯一重要的東西。會計這個專業於是出乎意料的代表英國的商學院，難怪我們的經濟要落後於其他競爭國家。

## 假使不到完美就不做，我們永遠不會開始

我在一九六五年離開殼牌公司時，哪裡曉得這些。我只不過是對自己的發現感到極度興奮，大學裡居然有地方能學到商業和組織的一切祕密，還能學到

怎麼管理這些商業組織。跟我同輩的人，有少數幾個已經知道哈佛商學院及其他商學院，甚至申請到哈克尼斯獎學金（Harkness Fellowship）去讀ＭＢＡ，那是一個我沒聽過的學位。可是我一直在東南亞埋頭苦幹，那裡可沒人談論這些。那時候的我怎麼也想不到，自己竟然會獲得特殊機會，在美國的一流學府上課，會協助創建英國最早的兩家企管研究所之一，後來還會在日後成為英國空中大學（Open University）的空中商學院（Open Business School）負責領導第一個課程；甚至等到劍橋大學終於回心轉意成立企研所時，會擔任他們的顧問，還負責政府計畫〈經理人才的養成〉，促成一九九〇年代英國大學管理教育的枝繁葉茂。

在這個過程中我學到很多，包括管理、教育與學習歷程。我現在相信，我們這些人以及我自己那時搞錯了不少事情，但是，正如生活中許多事情，假使不到完美就不做，我們永遠不會開始。現在回首，經過四十年，我可以看到，我們已經成功的讓學習管理與商業成為值得尊敬的事。不但如此，今天在多數英國大學裡，商學是最受歡迎的課程。想起當年我啟程赴美時，反商文化在英國的盛行，兩相對照，這不能不說是個文化上的革命。我有幸參與其中，深感興奮。

一九六六年五月的一個晴天，度過移民單位的難關，我來到ＭＩＴ史隆管理學院，充滿興奮與惶恐之情。那時候我們英國人對美國和企管研究所是如此的無知，有個朋友聽說我要去ＭＩＴ讀他稱之為「貿易」Ｃ的學科時，以為我去的是蒙特婁打字學院（Montreal Institute of Typing）。不過，我曉得史隆學院是全世界十大商研所之一，ＭＩＴ素來以理工系所知名，還有在當年，該校是唯二提供經理人離職進修管理學一年的大學之一，另一家是加州的史丹佛大學商學院（Stanford University Business School）。ＭＩＴ課程的負責人彼得．吉爾（Peter Gil）很實際的建議我，熟悉課程最好的方式是以普通學生身分上課。因此，我和五十名個子高大、理平頭的男性主管（那時沒有女學生）一起上了全年的管理課程。

## 我其實不需要來這裡

我記得自己那時想，史隆圖書館裡一定藏有管理上的祕密，那裡的學者和研究人員一定早就找到答案，知道什麼行得通、什麼行不通，而且會很快把一切透露給我。我覺得，我在殼牌十年所無緣汲取的所有智慧一定都擺在書架上。畢竟，假使有所謂的管理科學，那麼就應當有科學的原理和定律。我簡直失望透頂。我讀到的無數個假說，都在設法解釋人和組織何以為其所為，可是這些假說都沒有任何證明。我遍讀名人講話、個案歷史、捷徑祕笈，卻仍然一頭霧水，毫無進展。我逐漸明白，管理一家公司或管理任何組織，與其說是一種應用科學，不如說是一種實用的技術。沒錯，是有一些科目很有用，跟學習任何一種形式的技術一樣。但是，哪些技術最有效，事先是無法完全確定的。每個情況都不同，主要角色、動機、資源、限制，從來不會重複。

這個發現，出乎預料的使我鬆了一口氣。那表示，創意、想像、個性仍然可以發揮重要的作用。組織的世界不像人造的機器那樣穩定不變。組織更像一個微型社會，裡面任何事情都可能改變，或是被人改變。不過，這可阻止不了史隆學院的老師，使他們不去把「管理過程」化約為可以教導的公式。那是我第一個振聾發聵的心得：只要是學校，不論小學、中學、大學，都寧可教能教的東西，而不願去教需要學的東西。這點浸染了我未來對教育的所有思考。

經濟學是第一學期的重頭戲。我不認為自己會遇到麻煩。在殼牌時，我自學了經濟學，有段時間還在業界擔任過經濟學家，包括在殼牌時，以及離開殼牌後、赴美前的空檔。要到期末考試時，我才知道麻煩來了。試題是簡單的選擇題，教授很惹人厭的告訴我們，這份試卷是他的十歲兒子改的，他兒子只需要靠在小床旁邊，核對我們畫的答案就行。一百題我答對二十三題，全班最低分。我大吃一驚。問題出在我選「以上皆非」的次數太多，因為根據我的了解，我相信正確答案要視情況而定。漸漸的，我學會他們的遊戲規則，為的是要拿到學位，可是我不喜歡其中的過分簡化。我要到後來才逐漸明白，有時候為了了解某件事，一開始是有必要過分簡化。只有在基本架構建立起來之後，才能加入別的條件和複雜性。現在的我覺得，或許是我的自尊受損而非簡化不當，才引起我那時的不滿。

那些由教授決定的基本定律，會有個案研究作為補充。在個案研究中，我們得到和一家公司營運狀況相關的成堆數據，討論問題出在哪裡，決定要如何改善。這些練習很有用，可以訓練分析能力，使人學會從累積的資料中披沙瀝金，設法構思出一條前行的道路。對我而言，有真實的問題作為材料，而非只埋頭讀教科書，是全新而令人興奮的學習方式。我擔憂的是，個案研究不可避免的會略過真實生活中一個重要問題不提，就是怎麼去蒐集數據，尤其是要怎麼評估人的問題。個案研究課程本身也暗示，分析是關鍵，執行決策居次。然而我發現，知道在某個狀況下該做什麼通常比較容易，難的部分在執行。可是，執行的部分當然無法在教室裡嘗試，因此也很少得到討論。縱然這些課程很吸引人，但我想像自己未來將扮演的角色，卻擔心起來，我擔心這些課程只會使管理看來比實際要容易，實則不然。

我很享受在企管研究所的日子。再次當學生很愉快，投資整整一年的時間在自己身上，只要管好自己和家人，不必對其他人負責任，真是純粹的自我放縱。如果我失敗了，失望的人是我，不是組織。我不必擔心預算，或手下員工高不高興、顧客滿不滿意。我沒有下屬也沒有顧客，幸福極了。可是我問自己，我在這裡學到什麼有用的東西沒有？答案很簡單，不過有點矛盾。我學到一件非常重要的事：我並不需要來這裡。課程結束時我了解到，那些重要的東西大部分我其實一直都曉得。可是，我必須來到這裡，才會知道這個事實。我的意思並非要貶低這段經驗的重要性。我們在人生過程中都會累積一堆個人的學習體驗，然而多數時候，我們並不知道自己擁有些什麼。有的東西卡在下意識裡，要使它們隨時應需要而發揮出來，就必須把它們拉進意識層面。這就是ＭＩＴ幫我做到的事。大多數人去參加所謂的「後經驗課程」（post-experience program），所得到的正是如此。

發現你曉得以前不知道自己曉得的東西，可不能小看其效果。結業時你覺得自己能夠解決組織內大多數的問題，只要上面的人讓你放手去做。而課程中屬於技術層面的內容也不是沒有用處。光是知道世界上有像現金流量折現法（Discounted Cash Flow）這種東西，而且知道可以怎麼使用它，就是一大好處。至少，在跟組織周圍向來少不了的會計師和顧問這類人物打交道時，我想我說的話不會顯得太笨了。我知道管理並不神祕，觀念也不難懂。難是難在觀念的應用，而不在觀念本身。這個發現給我的自信打了一劑強心針，讓我付出的一切時間和努力都值回票價。它將成為我的教育理論的另一個要點：教育的目標說到最後，是給人自我信念，使人能掌握自己的生命。

## 經驗與知識必須齊步並進

這並不是看輕個別的技術和知識，這些技術和知識確實能協助我們掌握、應用深度學習，以豐富我們的性格與生命，但是並不能取代我正在逐漸明白的一個真正重要的東西：認識到我們在私底下與下意識中已知的內容，並且理解那些內容。只有在這種情況下，我們才能有效運用知識。經驗與知識必須齊步並進，不能有落差。在親身體驗前先有觀念，是把知識存進大腦的倉庫，期待日後可以發揮作用，但根據我的經驗，庫存的知識腐壞得非常快。通常等你需要時，它已經不存在了。我們知道，要學會一種語言，你得一學到就儘快去用，其他所有的學習也是如此。

我對我的美國經驗回味再三，也傾心於美國作風。回到倫敦後，我決心要在倫敦幫忙建立一個修正版的美式企管研究所。我下了決定，未來我負責的課程一定要把重點放在幫助參與者弄清楚自身過去的經驗，賦予其意義；而且一定要多帶他們離開教室，鼓勵他們獨立思考，不要視老師教導的內容為必然。我的新同事已經開始他們的工作，他們沒有一個不是畢業自美國的企管研究所，而每一個人也都很熱切的把美式模子的某些部分套用在可憐、蒙昧的英國身上。我們擁有年輕人的信心，或者該說是年輕人的傲慢。我們這群人平均年齡約為三十五歲，覺得自己的使命是改變英國商業那套行事作風。我們將汲取美國經驗的精華，轉化為英國之用，使英國更好。那是一個令人興奮的年代。

現在我覺得奇怪，為什麼我們當初不煞住腳步，不先想想我們在英國是怎麼進行其他專業的訓練和養成教育，就全盤採納美國模式？專業會計師課程或許不適合用來學習管理，但是這種課程，還有律師、醫師、建築師等專業用來培養人才的課程，似乎都已經通過時間的檢驗而屹立不搖。這些課程都將某種形式的學徒制混入正式的學習，無一例外。如此不但有我認為不可或缺的理論與實際的結合，而且動手實際操作的學徒制模式，也能讓學生一邊學一邊拿薪水，非常實用。這和法國專業大學（grande école）體制的核心，也就是他們所謂的培育（formation）一致，同樣將教室和工作場合混合。我們則追隨美國的先例，把學生鎖進教室兩年，並為此特權收取昂貴的費用。學生為了償還債務，自然會在隨後就業時，到獲利最豐厚的銀行與顧問業求職。而過去兩年間他們被餵食無數件個案研究，獲得的分析與計量能力，碰巧也是這兩個領域很好的準備訓練。ＭＢＡ字面上是商業行政碩士（Master of Business Administration），商業行政是企業管理的老說法，這個ＭＢＡ文憑，我覺得代表的根本是商業分析碩士（Master of Business Analysis），碰巧就是企管顧問公司和銀行想要的人才。

許多普通公司很快就發現，問題出在這種知識並沒有養成畢業生實質的管理能力，公司也不準備付給這些學徒能在銀行和顧問公司賺到的薪資。因此，除了少數例外，英國商業界的地盤大多沒受到我們這番努力的任何影響。

## 管理有些層面無法在教室裡培養

我自己則是繞過這個兩難問題，從一開始就只挑選那些我所謂不需要來上課的人。根據我的看法，管理有些層面可以在教室裡討論，卻無法在教室裡培養。這些東西主要包括人際關係技巧，像是和人一起工作、說服他人、激發他人興致的能力，還有必要時要會處罰人。此外，還需要想像力、毅力、勇氣、某種程度的自知之明，以及在生活中具備道德立場。今天，這類素質許多都被納入情緒智商的概念之內，不過，當時還沒發明EQ這個詞。我主張，如果學生擁有這些特質，那麼我們能替他們添加一些有用的技能，主要在分析方面，幫助他們成為更有效率的經理人。但是，如果先決條件不存在，那麼光有分析是使不上力的。

在實際運作上，我相信多數的企管研究所都在採用我的辦法，只不過他們把道理藏了起來，藏在入學資格中所謂的「相關經驗」背後。即使如此，教室中的學習仍然遠遠不能應付日後真槍實彈之用，無法在真實情境下測試是否有效，結果往往是讓學生對自己的責任產生扭曲而狹窄的觀念。史丹佛商學院的傑出教授哈羅德．李維特（Harold Leavitt）的說法更進一步：「我們設計一個怪異、幾乎是無法想像的企管教育制度，把經過這個訓練的人變形為腦袋左右不均、心腸冷酷、靈魂萎縮的動物。」

英國空中大學在一九八一年撥出一小筆經費，用來開設試驗性的管理課程。

課程訂名為「有效的經理人」，我被任命為學術顧問，受邀撰寫大多數課程的教材。空中大學在家上課，所以我視之為絕佳機會，能把課堂教學和學生的日常工作經驗連結起來，而學生都正在為某個組織工作，都是邊學邊工作的人，這實在是件好事。對我來說，這也是很有價值的學習經驗。我是課程小組的一員，其他成員包括：正在從頭編撰教科書的出版編輯、配合播出電視教學課程的撰述與製作人、空中課程結束後暑期受訓班的策畫人、財務主計人員、行銷與業務人員，以及對這個課程的進行和結果不時要負上某種責任參與其中的其餘人等。

並沒有人質疑我對相關理論的詮釋，可是他們在閱讀我提供的材料時，總是重複一句問話：「讀者會想繼續看下去嗎？」他們指出，學生都是經過一天漫長的工作後在家裡學習，因此教材必須抓住他們的興趣。教材必須有用、有意思，甚至令人興奮，他們才能吸收。我得說話算話，被迫實踐自己的信念：理論要和實際結合。而且，我的裁判是一群非常嚴格的同事，他們的工作內容完全仰賴我提供的文字。那是我這輩子做過最困難的事，但是我因此被迫檢視自己所寫的每個字，是否切題、是否有用。我們策劃的課程很成功，成為空中商學院的一塊奠基石。現在修習這項課程的學生比歐洲任何一所企管研究所都多。結合理論和實際的辦法成功了。

## 兩段式的MBA學位

幾年以後，一九八七年時，我以這次經驗為基礎，負責〈經理人才的養成〉報告，比較英國、美國、法國、德國和日本不同形式的經理人教育，對照其優缺點。很明顯，所有國家都遵循自己的教育傳統。美國在教室中進行，德國延長大學研習的年限，日本是在超大型的企業中進行，而法國是利用本國的專業大學教育。我質問，為什麼就只有英國漠視自己的傳統，跟著美國走？我提倡兩段式的MBA學位。第一階段是在加入一個組織前，或剛加入時所上的課程。內容涵蓋我所謂的企業語言（Language of Business），學習地點是教室。這相當於醫學博士課程的第一個段落，或是建築師資格訓練的前一部分。ＭＢＡ的第二階段則要等到後來才進行，將和現有工作經驗有關，是在職進修，也將有組織中的導師人物參與。

就當時情況而言，這項提議太過激進，但現在已經看得見正在實施了，只不過還沒明朗化。大學部不斷孳生的商業課程，就相當於我的第一階段，而在職主管的進修課程愈來愈多，也為結合實務與理論打開了一條路。英國人在慢慢摸索中，走回早期的傳統。

然而，這些反省都是後來才有的，在我從美國回來創設、負責倫敦版的史隆管理學院課程時，還沒有這樣的想法。不過我當時下定決心，這個課程除了必須和ＭＩＴ一樣好之外，還要加上別的好處。我希望找到適合的方式，引入我隨著經驗增加而愈來愈覺得有用的牛津大學對哲學思維的介紹。我覺得，牛津加上ＭＩＴ，會是個強力的組合。

# 第七章

# 安蒂岡妮的挑戰

一九六八年九月，倫敦商學院史隆課程的主管級學生很興奮、好奇，又有一點疑慮。那是管理教育新紀元的第一天，而他們是第一批實驗用的白老鼠。走進教室，他們看到每個座位上放了兩本書。一本是《公司帳的意義》（*The Meaning of Company Accounts*），這是他們期望中的書，但另一本卻使他們的眉毛稍稍揚起來。那是西元前五世紀索福克里斯（Sophocles）寫的希臘悲劇《安蒂岡妮》（Antigone，我得趕緊補充說明，他們看的是英譯本）。這本書象徵著我的願望；身為課程負責人，我希望開拓主管教育的範圍，除了教技術，還要教價值觀。不僅如此，這也表達我對商業文化的不安，我這種不安多年來有增無減。

對新學校而言，這個課程的風險很大。當我在大公司的午餐桌旁逡巡，招募願意來上課的人時，我很明白當時英國提供的管理課程，時間最長的只有一天。而我竟然要求那些公司把最優秀、最聰明的人送到學校九個月，不但付我們一筆費用，同時還要繼續支付那個人的全額薪水，並加上其他額外開銷。他們非得對我們有很大的信心才行。這所學校畢竟剛成立兩年，還沒有任何畢業生，而我的年齡比多數學生都年輕。回想起來，我設定招收二十人的目標，實際上收到十八人，實在幸運。

## 我希望我的學生是哲學家經理人

因此，第一天早上不管對學校或對學生來說，都是個實驗。我在設計課程時，心中明白那時就連成功的年輕主管，往往也都對財務一竅不通。他們無法輕易解讀一份公司的損益平衡表，而且恐怕從來都沒有這個需要，因為他們向來是一頭鑽進公司某個部門的深處，扮演被分派的角色，無須去管公司整體的財務細節。既然理論上他們是要朝資深主管的角色前進，因此我們的第一個任務就是填補這個落差。所以，他們桌上有了那本《公司帳的意義》。

可是，我也希望他們是個會思考的生意人。我希望鼓勵他們去質問身處的世界，找出自己生命和工作中的首要目標，做自己的主人，而非老闆的奴隸。假使能按照我的意思，這些學生將成為哲學家經理人。我那段牛津經驗給我的影響很深，因此出現這本《安蒂岡妮》，這會是每週團體討論一本文學書籍計畫中的頭一本。這部分的課程，我想可以說是某種形式的「經典閱讀」，或者按我的想法，是蘇格拉底思想的入門。文學書籍討論的主持人是一位非常有魅力的老師，名叫比爾．列特文（Bill Letwin）。他是在倫敦政經學院工作的美國經濟學家，我是在ＭＩＴ認識他的。列特文發展出一套方法，從書籍中汲取哲學和道德的議題，自柏拉圖的《共和國》、索福克里斯的悲劇，到更現代的經典《比利博德》（*Billy Budd*）、《黑暗之心》（*Heart of Darkness*），無所不包。我們甚至帶學生去戲院看《李爾王》（*King Lear*）、《奧賽羅》（*Othello*），第二天在課堂裡討論。

《安蒂岡妮》似乎很適合當做開始。在索福克里斯的筆下，安蒂岡妮被迫在叔父的命令和自己的良心之間抉擇，她的叔父是底比斯（Thebes）國王克里昂（Kreon），而她的良心卻是對神的責任。她的叔父剛在爭奪都城控制權的戰役中殺掉她的兄弟，並頒發諭令，禁止任何人埋葬侄兒，讓屍體暴露於城牆之外，任烏鴉和禿鷹啄食。對安蒂岡妮來說，這是把兄弟打入地獄，永遠無法脫身，而根據她的信仰，不得安息的靈魂將永遠遭到憤怒女神的追逐。安葬兄弟是安蒂岡妮應盡的責任，但是克里昂已經下令，任何人違反他的旨意，都將被處死。身為公民，安蒂岡妮應該遵守叔父的命令，然而安蒂岡妮認為她必須依信仰而行，依兄弟的福祉而行。因此，她那麼做了，也付出自己的生命。

## 有沒有一心堅持的理念？

我們的主管學生若和安蒂岡妮易地而處，會做同樣的事嗎？這是我們給他們的題目。他們有沒有任何會一心堅持的信念，寧願違抗命令，不顧後果？有一次，一個來訪的主教問大家有什麼底線是絕不會越過的？個人的道德標準究竟該不該凌駕於合法的權威之上？好人是否應該遵守惡法或惡令？這些或許都是哲學上的老問題，但他們大部分人是第一次聽到。我覺得，這些問題是為達目的不擇手段的企業經常忽視的，只要它們的手段在技術上不犯法，甚至是不被發現犯法就可以。當時還沒有所謂的企業社會責任這種觀念，安隆（Enron）、世界通訊（WorldCom）之類的醜聞還沒出現。從事後之明來看，為達目的而容許使用各種手段，其實正是企業界的文化，會發生這些醜聞自然不意外。

這輩子，我們沒幾個人會像安蒂岡妮一樣碰上那麼殘酷的兩難抉擇。不過，類似而層次較低的兩難局面的確會出現。多數人在成長過程中都學到：要聽從見多識廣的長輩；在上位者有權要我們照他們的話做；各式各樣的專業人士知道自己在做什麼，我們可以信賴他們，讓他們告訴我們該做什麼、能做什麼、不能做什麼。我向來都會接受醫生、建築師、律師和理財顧問的說法，即使我知道他們也是人，不可能不犯錯，而且有的人似乎一出自己專精的領域，就其笨無比。從前我以為政府官員多半能把事情做對，他們有許多幕僚顧問，直到後來我有些學生成了部長，我曉得他們並非一向如此聰明、如此有智慧。有一次，水管工人告訴我說，把院子的水龍頭裝在下水道上面不符合建築法規，我差點相信了他。直到常識敲醒了我，我才覺悟到他只是太懶，不想移動水龍頭的位置。我從痛苦的經驗中學到，雖然專家知道的答案可能比我多，但重要的是我得知道問他們什麼問題。這是我希望學生能在課程中學到的一課。

假使我們對別人的專業知識過分信賴，有可能會把自己的生命交給陌生人去掌管。我們曾經雇用一個女子打掃房子。她是軍人的妻子，住在軍眷宿舍。很不幸，有天她告訴我們，她和丈夫快要離婚，必須搬離宿舍。我問她以後要住哪裡呢，她回答：「他們還沒告訴我。」

我心想誰會負責提供宿舍給軍人的前妻呢？於是問她：「『他們』是誰？」

她看著我，好像我笨得可以似的，她說：「他們又還沒告訴我他們是誰。」她從來沒想過，不再會有一個「他們」能照料她。而當我提出這個可能時，她也不相信。

「他們」可以是政府，可以是管理團隊，也可以是任何當權者。有些人願意把我們所有行為的一切道德責任都交給他們。就像曾經有一個人對我說的：「如果這件事不對，他們會訂法律禁止，不是嗎？就我而言，只要合法就可以了。」但是，除了極端的情況之外，一個人表現殘酷，並不違法；外遇、撒謊、抬高產品或服務的價格、洩漏別人的祕密、不揭發騙局，都不違法。我們不應該把所有的道德決定都託付給政府，那會使政府擔負起它不想要、也不該有的責任。我們很難想像安蒂岡妮會讓克里昂替她做道德判斷。

## 我們多數人在道德上都很懶惰

然而，很多時候，我們多數人在道德上都很懶惰。如果有個人穿著白袍，或是別上看來挺像樣的名牌，告訴我們去做什麼事，我們就會照著做，不會問太多，因為這樣日子比較容易過。配合《安蒂岡妮》這本書，我也給學生看了一部電影，拍的是史丹利・米爾格倫（Stanley Milgram）的實驗。米爾格倫是美國的一位社會科學家，他想探索我們接受上位者權威的程度。他要一些志願者擔任老師，去教另一些人學習一串簡單的配對字組。匿名的實驗主持人員穿著白袍，叫這些志願老師在學生答錯時施予電擊作為懲罰。一開始電擊較弱，但每答錯一題，電擊的威力就逐漸增強。「老師」跟「學生」當中隔著一道分隔板，老師可以從電擊鈕上的刻度看到自己施加的電擊強度，也聽得到學生的聲音，但看不到板子另一側的學生。即使學生痛苦嘶喊，老師仍然必須按照實驗負責人員的吩咐繼續電擊，一直到電擊鈕上明顯標出「致死」的刻度。三個老師中，有兩人到了這個刻度仍然在施行電擊。

實際上並沒有真的電擊，喊叫也是裝的，但是從電影上很明顯可以看到，實驗對象毫不知情。他們執行被分配的任務時，認真到底，決心盡力使白袍權威者滿意。恐怖的是，電影中可以觀察到，儘管痛苦的嘶喊清晰可聞，但老師仍然一步步增強電擊的程度。只有當米爾格倫加入另外一批受試老師，並要兩個知情者拒絕聽從指示，樹立榜樣，這時抗命者的比例才升高。就算如此，仍然有三分之一的人繼續服從指示。

米爾格倫的實驗似乎解釋納粹集中營裡的守衛為什麼會服從那些無恥的命令。這或許也可以解釋，被控在伊拉克虐俘的那些士兵，為什麼會認為只要說是在遵守命令，就足以開脫自己的行為。甚至可以解釋，何以當我在馬來亞工作時，由於當地僅有兩家石油公司，我就那麼輕易不假思索的接受一個主張：兩公司私下操縱政府訂單的價格，對大家都有利。

一九六五年，在我離開殼牌後、到美國前的那段期間，我又一次隨波逐流，接受同樣的主張。我那時的工作是擔任三個大人物的祕書，三人分別來自美國、南非和比利時，在巴黎會面決定那年的銅價。那時，我正在全世界三大產銅公司的其中一家工作，三個大人物是這三家公司的銷售經理。他們定期聚會，很像石油輸出國家組織（OPEC）後來那樣，只不過他們代表的是獨立企業、不是國家。他們協定出一個價格，三家公司都將按照這個價出售銅，用意是穩定業界的原料價格，當然，同時也要保證公司得到滿意的利潤。我覺得他們的行為可能不合法，而且絕對違反自由貿易的精神，但我縮著頭一聲不吭，很樂於幫他們決定會後到哪家三星級餐廳享受晚餐。

## 沒有幾個人會雇用真正說真話的人

我們可能以為自己會像亨利・方達（Henry Fonda）在電影《十二怒漢》（*Twelve Angry Men*）中一樣（這是我們在課程中播放的另一部電影），起來反對陪審團其他十一名陪審員，最後終於扭轉他們的看法。但是在現實裡，我們沒有幾個人會那麼認真，更何況，方達並沒有失去工作的危險，岌岌可危的是他的良心。當壓力增強時，我不知道我們會給良心多少價值。我們不得不佩服那些在酷刑下仍然堅持信念的人，這麼做他們什麼也贏不了，卻可能輸掉一切。這些人我們稱為烈士，他們的數目有如鳳毛麟角，並非意外。當然，我們首先必須確定自己的信念是什麼，不過那是另一章的主題了。

酷刑不一定是身體上的，這是任何一個曾經舉手揭發弊端的人都能見證的。即使是私下在組織中主動揭發弊案，也需要韌性和勇氣，在社區中站出來堅持自己的信念亦然。沒有人會感激你，而且幾乎毫無例外，你會丟掉工作，或者，起碼也會被同事排除在圈子之外，或是不被晉升。「我們容不下揭發家醜的人。」一位執行長對我說。至少他很誠實，不過你會想，他在怕什麼呢？這個世界或許佩服說真話的人，但沒有幾個人會雇用他。

我現在覺得奇怪，當我的雇主跟競爭者攜手合作時，為什麼我沒有抗議？或許因為我當時不認為那是道德問題，還有一個更可能的原因是，我不想惹惱我的老闆。別人可不那麼怯懦。大衛．葛拉漢博士（David Graham）是美國食品藥物管理局的雇員，二〇〇五年他覺得自己有道德責任，應該向媒體揭發自己所屬的組織，在有證據顯示Vioxx在五年內造成多達十四萬人得到心臟病或死亡時，未能果斷採取行動。Vioxx是兩千萬美國人服用的風濕藥物。葛拉漢的天主教信仰驅使他揭露自己知道的事實。現在他仍然是食品藥物管理局的員工，但是，「他們不再把我當成家裡的一分子了。」他說：「這整件事給我一個很好的經驗。」

我猜想他這個說法非常保守，不過持平而論，食品藥物管理局並沒有解雇他。

## 現實需求可能窄化我們的視野

我讀書時，向老師打夥伴的小報告是最惡劣的罪行之一。幾乎受到同等歧視的，是不顧公認的正常作風，敢跟別人不一樣。回想起來，我也可以給學生讀威廉·高汀（William Golding）的《蒼蠅王》（*Lord of the Flies*）。故事是說一群男孩困在一座島上，他們把自己搞得情緒激動無比，同時整群人變成單一的有機體，個人失去單獨的身分，隨之也喪失個人的一切責任感。這種行為近來可以在英國的市中心發現，每到週末，半醉的年輕男女從酒館湧出，在酒精的刺激下異常興奮，個人的身分被群體的身分吸收，似乎不再需要為個人行為負責。

在企業界，我們可以在公司新創或積極推動併購案時，見到同樣的現象，只不過稍微正面一些。在爭逐的激昂情緒中群體感高漲，置身其中，道德的細微分別有時會被追求成功或勝利的欲望所淹沒。捷徑可抄，界限可以模糊，是與非可以被重新定義為成功與不成功。湯瑪斯·伍爾夫（Thomas Wolfe）在《虛榮的篝火》（*The Bonfire of the Vanities*）中描述紐約一九八〇年代的盛況，當時一切標準由華爾街不可一世的大亨訂立，他們自認是宇宙的主宰，金錢是神祇，貪婪是美德。那時一定有不少人在做別人期望他們做的事情時，內心翻攪，犧牲可能不安的良心，但仍照做不誤。麥可·路易斯（Michael Lewis）在《老千騙局》（*Liar's Poker*）裡將此情此景描寫得很好：

> 身為所羅門兄弟公司（Solomon Brothers）的受訓職員，你當然不用對道德擔太多心，只要設法活下去就好了。能和那些老是欺壓別人的人待在同一個團隊，你受寵若驚。就像一個孩子，遊戲場上欺負人的惡棍莫名其妙成為你的朋友，於是你傾向於忽略債券交易那幫人的缺失，以換取他們的保護。

另一種道德模糊會在大企業或政府最高層出現。屠圖大主教（Archbishop Tutu）曾經遺憾的說，南非總統塔博・姆貝基（Thabo Mbeki）被一幫「拍馬屁、傲慢自大」的親信圍繞，使自己和人民隔離開來，屠圖暗示，姆貝基也遠離過去的價值和目標。國家元首沉浸於各種事務之中，受到過分熱心的同黨包圍，而失去當年的信念，姆貝基不是唯一的一個，鄰國辛巴威的例子更加明顯。權力引誘人腐化。

「這種情形，」作家愛德華・魯瓦克（Edward Luttwak）說：「一樣出現在企業領導人身上。他們身旁環繞著唯唯諾諾的幕僚，出門有私人噴射機代步，到處有政治人物為了爭取競選捐款而逢迎拍馬，還有大學校長奉上榮譽學位，甚至連外國政府部長和總統，也汲汲於吸引他們投資。美國大公司老闆可以輕易取得拿破崙式的赫赫聲勢。」他指出，他們之所以沒那麼做，主要是因為美國司法體系虎視眈眈，隨時準備起訴不法。法律再度起了替代個人道德的作用。

我想把道德哲學的某些概念引進管理教育的這個嘗試並沒有持續多久。學生和他們所屬的公司想得到可以更立即可見回收的東西；實用占了哲學的上風，一如往常。後來我在商學院開了倫理課程，提供MBA學生選修，結果沒有多少人選。正如一個學生說的：「老師，我很願意選你的課，可是要等我找到工作以後再來上。現在，恐怕國際金融是更重要的課。」

我不能怪他。我知道現實需求會如何窄化我們的視野。「走好下一步」的需求，使我們在旅程中不敢向四周張望，因此既看不見路的走向，也看不見自己錯失了什麼風景。到最後，由於需要更多學生報名，我向市場壓力讓了步（市場壓力就表現在學生的期望中），我縮減列特文教授的團體討論課。後來回想，我不知道市場本身是否即為一種從眾的壓力。

## 順流而下很容易，不過可能把你帶到不想去的地方

我們應該跟隨市場，還是設法領導市場？顧客永遠是對的嗎？還是有別人處

於更好的位置，知道什麼才對顧客最好？我們應該追隨共識，還是應該有信心去做自己認為更好的選擇？做決定有時並不容易。在企業界，我知道成功創業家和創新組織都能堅持本身的想法、對抗當前潮流，不過，他們這樣做也冒著賠錢的風險。假使我們在教育界做同樣的事，風險將落在學生身上。假使我當初不理會學生的優先選擇，我會被指責為傲慢，也可能使後來的課程招收不到足夠的學生。但是，我是否是個懦夫，背叛了自己，因為我拋棄自己原來相信對學生最有益的東西？有時候，信任自己的看法比別人的看法還好才是傲慢。偉大的領導人似乎活在謙遜和自信的混合體之中，他們必須有能力承認自己有時候是錯的。

矛盾的是，當問題涉及道德時，就像安蒂岡妮的例子，決定反而容易一點，縱然後果可能更嚴重。沒有人有權力去挑戰你心中深處的信念和想法。決定是你自己的。只有你才能衡量違反自己信念的個人成本，和堅守個人真理時很明顯會出現的痛苦，比較何者代價更高。當問題比較實際，像是怎麼做會更好，決定起來反而比較麻煩。在風險不大的情況下，你應該花多少心力去推行某個決定？維護自己的主張、按照自己的價值和信念去做，需要付出的代價有時候可能看來不值得，尤其是當你正在設法贏得朋友、設法影響周遭人事的時候。順流而下要容易多了，只不過潮流的走向最後可能會（幾乎是不知不覺的）把你帶到你並不想去的地方。

當我挑選《安蒂岡妮》作為第一個主管課程開始，我沒有料到，它後來會滲入我的生命和思考那麼深。不過，毫無疑問，這是為什麼索福克里斯那篇不長的戲劇在寫成兩千五百年後的今天仍然有人閱讀、有人排演。偉大的藝術鑽入我們靈魂的方式，是公司帳永遠也辦不到的。到最後，我問自己，那些力氣全白費了嗎？不盡然。設法協助能力很好、學習意願很強，而且要求非常高的一批人成長、受教育，既是件樂事，也是種特權。我有一次上課晚到十分鐘，到了教室，發現班上正在計算應該退給每個人多少學費。我也證實自己的信念：要保證學會某種東西，最好的方法是去教會別人。因此，我確信自己學到的東西比學生更多。而且很多時候我都覺得樂趣無窮，因為當你跟聰明人一起商討彼此同感興趣的問題時，幾乎總是樂趣無窮。

最終，我比從前更加堅信，雖然商業分析的技術可以在教室和書本裡學到，管理的藝術和實務卻不能。管理很大的部分都是從做中得來的常識，每個人都必須各自找出最適合自己的方法。培養個人所需要的技巧，最好的方式是有導師小心的帶領，加上更常見的，從嘗試與犯錯中學習。反省自己所做的嘗試永遠是有用的方法，特別是自己犯下的錯誤。其實說到最後，這向來都是我們所有人從小到大的學習方式。有時在陌生人的相伴中，在安全的環境裡，在受過訓練的解說人監護下，正是反省的最佳時機。主管進修課程達到理想狀態時可以提供這樣的機會，不過，若說通過考試就代表某人能勝任經理人的職務，那可是危險的誇大。

# 第八章 父親的離世

我四十九歲時，接到英國國家廣播公司（ＢＢＣ）一封信。他們要我參加ＢＢＣ電視網的系列節目〈經驗之光〉（The Light of Experience）。這是以低成本製作的電視節目，他們請來一個經歷過生命重大轉變的人，直接對著鏡頭談自身的經歷，沒有人主持發問，而上節目的人還得提供相片，作為圖片說明。我記得，其中有個女律師跟自己的委託人在監獄裡結婚，而新郎是被判有罪的殺人犯。還有一個女子，由於走私毒品被抓，曾在泰國坐了幾年牢。我告訴ＢＢＣ，跟這些多彩多姿、甚至充滿異國情調的案例相比，我的人生乏善可陳。改變我人生的那個經驗平凡得很，許多人都經歷過，那就是我父親的去世。「所以我們才要找你，」他們說，「因為這是我們每個人都能產生共鳴的事情。」

我竟然同意了，實在很笨。因為我很快發現，讀著自動提示字幕、直接對攝影機說話，還要看起來像正常人，簡直難如登天。新聞播報員很明顯將這個藝術掌握得十分高明，他們念新聞念得那麼輕鬆自然，使人完全看不出來這是一門藝術。那天晚上我看自己的節目時，覺得自己像隻企鵝布偶，坐在椅子上怒視前方。然而底下就是我所說的故事，以前我也寫過，因為這是我人生的一大轉折與關鍵，在此我必須重提。

## 老實說，我對父親有些失望

我剛參加一場國際會議，在從巴黎回家的路上接到一個訊息，說父親嚴重中風，住進都柏林一家醫院，瀕臨死亡。我很震驚。我們向來以為父母會永遠存在，而且他兩年前才從愛爾蘭教會的工作崗位上退休。與此同時，我正過著企管學者彷彿很絢爛的生活，搭飛機東奔西走、出版書籍，忙忙碌碌，盡我所能向上攀爬事業的階梯。可是父親已經七十四歲了，我知道最近幾年他的心臟出過幾次小毛病。於是，我趕回愛爾蘭，在病榻旁和母親及妹妹會合。我抵達的第二天他就去世了，神智始終沒有清醒過來。

我很悲傷。我一直很喜歡父親。他話不多，脾氣溫和，待人可親。我非常喜歡他在教會帶領禮拜的方式，可是在家裡，我從來不知道他內心深處的想法，在不少方面，他都保持著個人隱私。老實說，我對他有些失望。我覺得他不該安於待在鄉間的一個小教區，幾乎一輩子都沒換過工作地點，推辭升遷機會，甚至推辭掉較大的城市教區的聘請。我自私的認為，在城市裡我的日子會過得更有趣。他似乎是個不求上進的人。

愛爾蘭的習慣是在人死後兩天之內舉行葬禮，因此我們匆促的做了安排，準備把靈柩送回離都柏林二十多英里的教堂，那是他為一小群新教徒擔任四十年牧師的教堂。我們將舉行一場簡單的家庭葬禮，給一個安靜的人一個安靜的結束，不過我們還是在隔天的報紙上刊登啟事。

我們一家人跟著靈車，循著主要道路從都柏林出發。我不記得有誰開口說什麼，走在充滿記憶道路上的旅程滿是悲傷。然後，一件怪事發生了：當我們接近轉向村子的叉路口時，一輛警車從路旁開上來，擋住對面來車，開始引導靈車沿著叉路前行。這是怎麼回事？我們沒要求他們這麼做。然後，當我們接近那座深入鄉間的老教堂時，發現道路兩邊停了綿延幾百碼的車輛，幸好有人預先替我們留下停車的位置。而教堂裡面也是擠滿了人，甚至滿了出來。許多人站在教堂外面，沿著小徑站著幾排人。我們走進教堂，心中充滿問號。唱詩班走進來，一如既往穿著黑色長衣、戴著白領子，但袍子顯然太短。他們不是平常的唱詩班男童；我們開始明白，他們是過去的唱詩班男童，專程從愛爾蘭各地回來，自動組成唱詩班，再一次為父親詠唱。

還有大主教，父親的老主管，他也來了，走在唱詩班後面，一身英國國教的全副儀典裝束。奇怪，我們以為他正在住院，可是他自己要求出院，特地趕來這裡。他告訴教友，我父親是個特別的人，他幫助很多人，贏得更多人的佩服。他的人生、他的牧師工作，是所有人的榜樣。

走出教堂後，我們站在敞開的墳地旁，棺木已經放入，好多好多人朝我們走來。「你父親替我施洗，」有一個人說：「他在這座教堂裡為我們證婚，幾年前又給我女兒施洗。他是我們家庭的重要部分。」「他在我生命的關鍵時期給了我充滿智慧的忠告。」另一個人說：「他似乎對現實世界有很深刻的了解。」還有一些人只說：「我們會想念他，像他這樣的人太少了。」

我站在那裡思索父親這個人，才恍然明白自己從來不曾了解他。我問自己，有多少人會參加我的葬禮？我父親過世的消息一定被熱烈的口耳相傳，才會在僅僅一天的通知時間下，有這麼多人立即放下手邊的事，從各地趕到這裡。我的生命和工作，會對誰有這麼重要？我的忙碌生活和所謂的成就，跟這麼多受到他影響的生命相比，價值有多高？他不是平凡的人。問題出在我身上，不在他身上；我評斷他的方法一直是錯的。

我離開時，心中帶著難過，也陷入思索。我迷失在自己的奔忙之中。假使我想對任何人起作用，我必須重新找到真正的自我。我開始明白，接受他人的價值和抱負，而不努力找出自己的方向，固然是誘人的做法，卻非正途。

後來，我發現我們大多數人需要痛苦和創傷，或是排拒和失望，來啟動生命的改變。「我們有的不再是幾個不同的事業，」一個愛爾蘭年輕人不久前對我說，「而是幾段不同的人生，一生中有好幾段。」的確如此，不過轉換人生需要勇氣。留在你了解的人生裡雖然容易得多，但這個人生可能是條死路。轉換人生經常意味著從另一根梯子的最低層開始爬起，然而，假如你發現自己本來攀爬的那條梯子靠的牆壁不對，那麼正確的決定很明顯：你急需儘快找到另一根梯子，愈快愈好。

父親過世後的那幾年，我和各行各業頗有成就的一些人談過話。不少人都有類似的故事，在經歷痛苦或打擊後，他們才被撼動，被震上了另一條人生道路。他們也許是遭到排拒或挫折，也許是得到某個工作或升遷機會。對有的人而言則是被裁員，當時他們覺得深受打擊，而且都覺得遭到侮辱，即使並非如此。等到日後回顧，被迫離職的那件事常會被視為從死巷子脫身的好機緣。和死亡近距離接觸，不論是自己生死交關的經驗，或像我一樣有親近的人離世，也是常見的故事。

婚姻破裂也是另一種型態的死亡。一個成功的銀行家在三十歲出頭時，就擁有了一切：「我什麼都有了，坐落鄉間的房子、網球場、游泳池、湖、四個孩子，還有開保時捷跑車的漂亮太太。然後有個週末回家，我發現她和另一個男人有婚外情。回想起來，我不在家的時間太長，即使在家，我可能太習慣不當她一回事，把僅有的時間都放在孩子身上。我是個好父親，卻不是個好丈夫。」他們離了婚，一年後他辭掉工作，全職從事慈善工作。「婚姻的結束，」他說：「讓我以新的眼光來看待自己生命的前景，才發現我並不喜歡那樣的未來。」

## S曲線理論也可以運用到個人生命上

通常要有這麼一個契機，才能讓人展開生命的第二曲線。我發明了西格瑪曲線（sigmoid curves，簡稱S曲線）理論，來解釋公司如何成長，以及最後可能如何失敗，而這條曲線運用在個人生命上也同樣適合。第一條S曲線（見圖1）表示，幾乎所有東西，從帝國到組織到產品，開始時得到的東西都比付出的多。就企業而言，得到的是每家新創公司都需要的資金；就個人而言，則是我們所說的教育。接下來如果一切順利，生產量增加，公司成長，成功在望。然而不可避免的事情是，本來很成功的運作，後來會出現困難，此時，更好或更便宜的競爭對手開始趕上來。曲線向下彎，直到瀕臨失敗。大多數企業只有到此時才會在走投無路下開始思考其他做法，但多半為時已晚。

顯然，如果能在曲線下彎前就開始思考對策，會好得太多，這時就能在頭一條曲線抵達最高峰A點之前，展開另一條S曲線，如圖2。

事後看來當然如此，但當時哪會看得這麼清楚？處在第一條曲線的A點時，一切都那麼如意，你會以為如果東西沒壞，就不需要修理。等到發現事情不再順利時，公司儲備金都消耗光了，這時恐懼、壓力、憂慮紛紛襲來。只有大幅重整才能挽救公司，而重整只是好聽的字眼，意思是要砍掉一

圖1

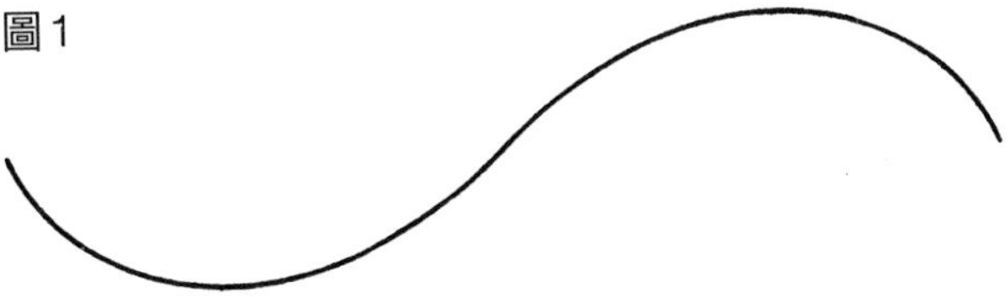

半員工，或把公司賣給競爭對手。

對個人來說，這也同樣不容易。在事情仍然進行順利的時候，就去考慮開展新生命、新工作、新興趣，這對個人和對組織或政黨一樣，都很難辦到。只有發生如前述的那種打擊才能撼動人，使人脫離習以為常的舊軌。當我描述這些S曲線時，大家總是問我：「要怎麼知道自己是在A點呢？」我們從來都不會知道，只有事後才看得出，但已經沒用了。不過，這也並非無跡可尋。舒服的感覺是其中之一。假使你覺得完全舒服自在，生活和工作全在掌控之下，或許你正誤把安全的幻象當做安逸的藉口。枕著勝利的桂冠沉睡，不論對個人或企業，向來都很危險。

圖2

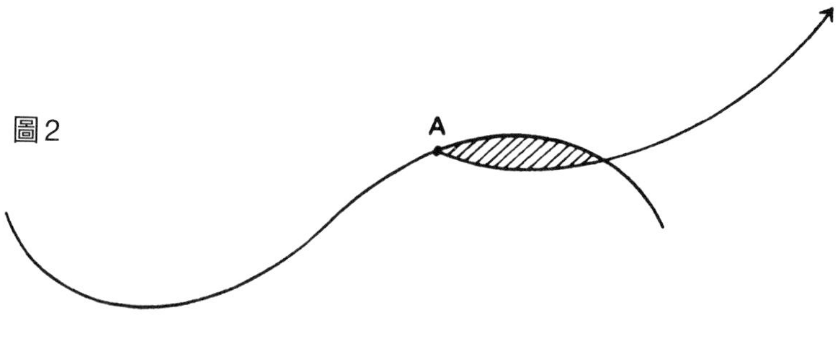

要在派對進行得熱熱鬧鬧的時候離開總是很難，因此我們需要一個打擊來觸發改變，即使是個十分痛苦的打擊。人在那一點時，很難相信會有另一條S曲線比現有的更好。但是，一扇門關上了，另一扇就會打開，而且往往是我們從來沒注意到、或因過分忙於第一條S曲線而老是忽略的一扇門。英國的政治人物彭定康（Chris Patten）在一九九二年大選中失去國會席位。當時他是保守黨主席，如果保守黨獲勝，他本有機會成為財政部長，而且保守黨的確贏得多數席次。[6]那天想必是他這輩子最黑暗的一天。他的一生都在政治圈中，而現在眼看著就要當上高官，政治生涯卻完了，或至少是暫時停頓。然而一年後他成為香港總督，受命在這塊領地租借期間結束時將香港交還給中國。後來他說，這是他做過最好的一份工作。他被賦予了第二曲線，不是他求來的，而且假使他沒被流放到政治的荒野，這份工作他恐怕不會放在眼裡。

6　譯注：得到國會多數席次的政黨可組閣，但閣員必須選上國會議員。

## 未來普遍會有兩、三個非常不同的人生

我們的第二生命不可能都這麼幸運，不過，即使不像彭定康的經歷那麼充滿異國風味，被裁員後轉而從事其他事業的人常說，他們多麼希望自己早點換工作。有些人確實提早轉換跑道。最近有個調查指出，英國的新老師有三分之一來自其他領域的成功人士，而且大多數來自商業界。他們說，自己離開的原因是希望在知性上得到更多挑戰，希望對社會更有用。長期平靜無波、一個職業做到底的舊式觀念如今逐漸成為神話，考慮擁有兩三個非常不同的人生，各需不同的技術，各得不同形式的報酬，這種情形未來會更普遍。這可以想成是在肉體尚未死亡的情況下獲得轉世的機會。

至於我，參加完父親的葬禮後，決心要改變自己的人生。那一天是我的契機，即使我花了一整年時間才真正付諸行動。我的第一個想法是追隨父親，從事神職，成為像他一樣的牧師，成為一個社區堅實的愛心棟樑。我請了兩位我認識

的主教來吃飯。我問他們，願不願意支持我申請去讀神學院，走上通往神職的第一步。

我有點意外，他們拒絕了。他們說，我或許會是個好主教，但我永遠無法走到主教這個位置。他們說，若要我去貧民窟擔任助理牧師，我是無法勝任的，而那是牧師生涯的第一階，我不可能過得了那一關。我很不情願的承認他們是對的。要去應付社會金字塔最底層的創傷和苦難，我不具備那些技巧，個性也不合。不過他們說，有個工作你能做，而且說不定可以滿足你想在教堂工作的心願。他們說，溫莎古堡（Windsor Castle）的聖喬治堂（St. George’s House）有個學監（warden）的工作現在出缺，不過，離申請截止期限還剩一個禮拜。

我知道他們說的那個工作。聖喬治堂是個小型的會議和研究中心，坐落在溫莎古堡之中，用的是聖喬治禮拜堂（St. George’s Chapel）幾幢教會法政牧師（canon）過去的住宅。它擔負雙重任務：培養教會高階神職人員，以及對社會上某些倫理與道德的議題提供諮商。我曾經出席一、兩次這種會議，所以對這個職位略知一二。學監是這個迷你機構主持者的怪稱呼。頭兩個學監以前是海軍上將，那兩位主教說，大家覺得，一個具有學術背景的人能帶來新的視野，因為這實際上是個把基督教的教導和社會的現實連結起來的地方。他們鼓勵我去申請。我申請了，出乎我意料之外、也有點尷尬的是，他們竟然給了我那個工作。探一探水深，不見得就真想下水。

現在問題來了。這是來真的，不再是一個理論上的可能。我真的想為了一個任期五年、之後沒有任何明顯出路的聘書，而放棄我那個舒適的終身教授職嗎？何況還有錢的問題。起先，我以為他們給的待遇相當於教授的薪水，當時每個月在三千五百英鎊之譜。後來我仔細看了一下那份打字不清的合約書上的小字，才知道他們給的數字是年薪，不是月薪！沒錯，是有一幢相當堂皇的房子作為宿舍，暖氣和電費都不用自己出，但我有兩個年紀還小的孩子要養育，加上太太跟我，而薪水還不到學術界本來就不怎麼寬裕的薪資的一〇%。

## 你的過去，總有辦法用很不舒服的方式帶來影響

這的確是從最底層重新來過。我太太卻很肯定這麼做是對的。我記得她在兩年前還這麼說過，為什麼我花那麼多時間和精力在商學院學生身上，而不放在她和孩子身上。「你只是在幫那些被寵壞的有錢人小孩變得更有錢，」她說：「你大可以做些更有價值的事情。」我抗議道，我在教育國家的未來領袖，但我心想或許她是對的。這時她覺得如果有個改變，不管是什麼改變，都可以讓我逃出那個陷阱。二十年以前，當我離開愛爾蘭教會牧師宅邸的家時，我對自己許下兩個諾言：我永遠不要再踏入教堂，我也永遠不要再做窮人。而現在，我正準備簽約，進入一個明知道需要每天去聖喬治禮拜堂的生活，而且日常支出要靠一份相當於我父親薪資的收入。你的過去，總有辦法用很不舒服的方式帶來影響。

結果，那個選擇成為我當時能做出的最好決定，它推我進入另一個更廣闊的天地。在財務上我們熬過來了。太太把我們在倫敦的公寓出租，這筆收入可以補

貼日常開銷，錢已經夠用了。四年之後我離職，跨入空白的未來，可以說是展開我的第四個人生。不過，那是另一段故事了。

# 第九章
# 家是城堡

我在一九七七年和家人來到溫莎古堡，接下聖喬治堂的學監職位。我不喜歡我的職稱，聽起來好像我在看管老人院，可是我喜歡那份工作的感覺，去負責一所我認為是社會和倫理議題的智庫。我也承認，之前我參觀過這份工作所分配的那幢房子，想到要住在溫莎古堡之中，很吸引我。

溫莎古堡可能是英國最奇特的村落。那裡住了七十戶人家，女王家是其中之一。我們的新鄰居包括女王的私人祕書和圖書館長，還有聖喬治禮拜堂的主任牧師、成人唱詩班成員，以及十分重要的人，城堡水管修理工。我們是一群有趣、而且可以說是奇特的組合，一家家按照次第羅列在城牆內的山丘上，最高貴的位置就在最上端，而歌手和工匠最低，緊挨在我下面。聖誕節時，我們會到城堡住戶的門外報佳音，帶頭的是禮拜堂唱詩班。報佳音的最後一站是向女王獻唱，女王身邊環繞著多隻科基犬，還端出很受歡迎的調味熱酒招待我們。我在那裡是個異數，年紀太輕，其他人穿上節日服飾時都佩上戰役勳章，我一個也沒有。按照某些人的口味，我又太學究氣。我早期的文章有一篇用了「經濟學」這個詞，有人告訴我別用沒人懂的術語。被問到這個詞是什麼意思時，我發覺很難簡潔有力的答覆。好，算他們有理。

我們的新家在修道院二十五號，是幢占地很廣的住宅，位於城堡的舊城牆之內，繞著亨利三世十三世紀的宮殿遺址而建。我曾經遐想，約翰國王（King John）說不定在出發到蘭尼美德（Runnymede）簽定《大憲章》（Magna Carta）的時候，是在我們庭院裡上的馬。我們的臥室是開放預約參觀的景點，因為這個房間在十六世紀曾經被禮拜堂的唱詩班當做練習室，現在牆上還畫著樂譜。毫無疑問，那是我們住過最不尋常、也最堂皇的房子了。唯一的問題是它又大又不附家具；當我拿到地毯和窗簾的估價單時，發現這些費用要比我一年的薪水還多。

## 我們在這裡要幹嘛？

不過，比起其他問題，這點微不足道。我忘了在接受聘請之前，做好盡職調查（due diligence），因此對整體情況和工作內容只有模糊的概念。聖喬治堂是有幾百年歷史的聖喬治學院（College of St. George）的一部分，學院圍繞著聖喬治禮拜堂而建。當時聖喬治堂才設立十年，創始人是菲利浦親王（Prince Philip）和那時的溫莎主任牧師伍茲（Robin Woods），目的是要好好運用禮拜堂後面庭院中那兩棟空置的法政牧師住宅。他們的想法是讓聖喬治堂成為社會上有影響力人士的會面地點，尤其是神職人員，讓大家就當前倫理和社會的重要議題加以討論。他們向企業界募到整修房舍的必備款項。聖喬治禮拜堂的主任牧師和法政牧師都在聖喬治堂兼任教職，不過聖喬治堂的日常運作交由學監和學習主任管理，後兩者均非神職人員。

我以為當學監可以掌管一切，結果是我的錯覺，這種情況在組織中很常見。總是有個人或一群人在你之上。就我的例子來說，我的上面首先有主任牧師，負責城堡中禮拜堂的相關事宜，不過，他也不是擁有所有權力的人。他只是執事會議主席，執事會議由法政牧師組成，他們根據愛德華四世（Edward IV）頒發的建制諭令，負起組織的最高權責。我原先根本不知道自己會涉入這種纏夾不清的中世紀體制。此外，聖喬治堂還有一個顧問委員會，委員有菲利浦親王、三位嘉德勳位騎士（Knights of the Garter）、至少一名前首相，以及其他社會賢達。有時候，我覺得自己置身於一場真人版的西洋棋賽之中，身旁有女王和她的城堡、有主教、有騎士，而我是馬前卒之一。對這麼一個僅雇用十一、十二人的小單位來說，結構實在是頭重腳輕。這在組織中經常出現，頭頭一大堆，嘍囉太少。

在上面的人或許可以決定一切，但必須做出成績的還是我跟同事。第一個星期，我就接受兩次震撼教育。第一天，管食宿支出的司庫告訴我，銀行裡的錢不夠付這禮拜僕傭的薪水。之前一位法政牧師向我保證過，這裡的資金充足，因此這個問題不在我的預期之中。我去了就在城堡外面的銀行自我介紹，要求預支一些錢讓我們度過眼前的難關。「沒問題，」經理說：「你想拿什麼擔保？」

我指指窗外龐大的城堡。「那還不夠嗎？」我有點驕傲的說。

他微笑。「這恐怕不行，除非你擁有產權。」他還是給了我一些暫時的援助，但是當我慢慢走回去時，一路在想，我接手的竟是個破產的組織。

第二天，我的祕書在我面前放了好大一份明年的行事曆。「你得替這一年做計畫，」她說。

「可是這上面除了日期什麼都沒有，」我說：「難道沒有已經計畫好的活動嗎？」

「還沒有，」她微笑。（為什麼溫莎的每個人都在給我壞消息時露出微笑？）「我們一直在等你來。」填滿整年的討論和活動是我的工作。雖然有些例行的活動可以照舊進行，可是那份行事曆還有很多空缺待補。這是個不留情的提醒，提醒我們時間緊迫，必須趕快擬定組織的策略是什麼，或者說白了，就是搞清楚我們在那裡要幹嘛。

無論如何，我們首先得弄好財務，要不然活不下去。這裡設備老舊，收入不足，所有錢都來自參加活動的人繳交的那一點點費用。不過，我們倒是擁有一項獨特的資產：溫莎城堡內的一座小型會議中心，裡面有個聚會的房間，據說莎士比亞在那裡為伊麗莎白一世演出一齣戲《溫莎的風流婦人》（*The Merry Wives of Windsor*）。我和新同事研究主任約翰・隆恩（John Long）都和企業界有不少關係，我們相信，公司會樂於向我們租用場地，作為短期研討和進修的營地，而且會付我們為數可觀的費用。結果確實如此。第一年結束時，很明顯我們可以靠出租場地給公司行號，做門十分賺錢的生意。

## 誰說慈善團體不需要利潤？

不過這是我們存在的目的嗎？顯然不是，可是看看那個收益數字是很誘人。誰說慈善團體不需要利潤？只不過他們把它叫做「營運盈餘」（operating surpluses），放進準備金罷了。然而我們知道，盡可能擴大那些盈餘絕非我們存在的目的。我們必須確保擁有做好工作所需的資金，但是不要超過所需。

但多少錢才是符合所需？這又碰上那個亞里斯多德的老問題了。我們付給自己微薄的薪水，和神職同事的待遇一致，收入僅堪過活。祕書和僕傭都一樣，只得到法律容許的最低薪資。假使我們增加商業性的出租生意，就能給自己和工作人員像樣的薪水，還能使整個地方更豪華，但是那樣一來，別人就有十足的理由指控我們經營這個地方是為自己的利益，而非我們所服務的群眾。我在想，假使我們是普通企業的話，事情不知道可有多簡單。賺錢其實不那麼難，只要你不在乎是怎麼賺的，或是不在乎賺來的錢要怎麼用。我慢慢開始明白，我正身處資本主義的兩難。金錢與利潤是任何企業要生存、成長，都不可或缺的東西，但是如果這成為唯一的目的，甚至只是多個主要的目的之一，就會被視為自私自利，有可能導致企業忽視對社會所負的更大責任。企業更大的社會責任可能是哪些？接下來的幾個活動裡，我們和受邀貴賓就在討論這個主題。

我不喜歡，也不贊同乞討。我相信，慈善團體應該盡可能自己去賺取所得，因為只有如此，慈善團體才能長遠發展下去，掌握自己的未來。是的，有時候它們會需要外界資助，尤其是剛起步的階段。它們還應該有能力借款或籌募資金，跟任何企業一樣，即使這種投資帶給金主的是心理上的收益、而非財務上的收益。在不少情況下，慈善團體的所得或部分所得會來自政府，以回報它們俾益社會的某些工作，但是在其他情況下，它們需要在慈善工作外發展一個商業性的分支單位，就像我們在溫莎城堡被迫去做的事情那樣。除了收入很有用以外，將某部分營運完全商業化，也可以為組織注入一定程度的管理紀律。

十年後，我擔任皇家工藝協會（Royal Society of Arts, RSA）主席時，也遇到類似問題，這時候我在聖喬治堂曾碰上的兩難局面助我一臂之力。工藝協會的全名是皇家促進工藝與製造協會（Royal Society for the Encouragement of Arts and Manufactures），這個成立於十八世紀的慈善機構頗受人敬重，坐落於倫敦河岸街區的一排亞當（Adam）式輝煌建築內。目標是透過討論與提倡新觀念、推展實驗性計畫、獎勵開創者，來刺激社會的進步。這全要花錢。兩萬兩千名會員繳納的會費有幫助，但還是不夠。過去貼補開銷的來源是協會早期的一個計畫：ＲＳＡ測驗。全世界都有技職學生報名考ＲＳＡ測驗，這筆收入使協會能自食其力，財務還算輕鬆。

好景不常，我接手前一年，協會不得不和ＲＳＡ測驗分家，讓後者成為獨立的測驗機構，以配合政府對相關制度的改革。我接手的是個近年來首次出現營運虧損的協會。我問自己，這是不是溫莎經驗的重演？然而，協會房舍的地下有一些上好的地窖，以不合理的低價租給一名酒商。協會的顧問委員會討論將地窖改建為餐廳和會議廳的可能性，這樣一來，整棟建築的設施就可以當作會議中心出租。

## 商業原則會汙染非營利組織的存在目的嗎？

這項工程需要五百萬英鎊，我們沒有這筆錢，因此必須伸手要錢，或是借貸。我的論點是，如果去向人乞討是為了放在能讓我們賺錢的投資上，最後能使協會自食其力，這比起去向人乞討日常營運的資金，會讓出資者更樂意掏腰包；

募款之外若還有短缺，我們可以拿抵押房屋的貸款補足。我坐在會議桌之首，對於會議室裡委員們表現的各種態度感到很有意思。有些人認為從事出租業未免太自貶身價了，他們不喜歡有閒雜人等使用我們的設施。也有些人認為出租設施扭曲協會的宗旨，偏離我們的慈善目的。這兩種想法我都能理解，但是赤字已經出現，因此基本需求必須擺在第一。比較意外的是會議上企業界人士的態度。他們認為除非我們有收入來做這項投資，否則不應該貿然去做，而且募款很難，抵押房舍又太冒險。我想知道，他們如果不投入資金，也不貸款，要怎麼經營自己的企業？

在這個關頭，我暗中運用一點手段。在顧問委員會的關鍵辯論中，所有正反意見都討論之後，我繞著會議桌，一個一個問出席委員贊成還是反對提議，不過他們的座位經過我事先安排，那些我曉得會同意的人都坐在先投票的位子。等輪到那些堅決反對派時，他們一個個都明白大勢已去，因此為了維持和諧，他們放棄投票權。於是我得以宣布這項動議在沒有反對票的情況下通過。為了促成你真心相信是正確的方案，而以這種手段導演事件的發生，是合法的領導方式嗎？我到現在仍然不確定。

於是，雖然懷著幾許疑慮，顧問委員會通過計畫。最終，地窖的改頭換面不但替協會在設備上增加很有風格的資產，到現在還一直是協會財務的基石。協會仍然在向人要錢，作為未來實驗計畫之用，不過，它在營運上現在是自食其力、自給自足。我很確定當時那麼做是對的。然而，RSA將永遠面對我在溫莎的難題：必須確保商業的原則不會汙染機構存在的真正目的。

溫莎和RSA的兩難彰顯另一個問題，一個從那時到現在一直都使我困惑、憂慮的問題。根據法律規定，慈善機構必須清楚有一個陳述清楚的社會目的，企業則否。按照法律，企業只對企業主負責，也對其他利益相關人士有某些義務。只該如此嗎？還是企業也應該有一個清楚的社會目的？德國憲法有這樣的規定，而那部憲法是上一次大戰後在占領軍的監管下制定的，占領軍當然包括英、美兩國。

這是我們在溫莎的聚會上辯論的社會、倫理大問題之一。這些聚會，或者以我們命名的「諮商」來稱呼，每次集合來自社會各層面的二、三十人。身為主辦單位，我們的工作就是定義那些在我們看來需要辯論的社會及倫理議題。然後，我們必須去找能對討論做出最大貢獻的人，以及可能得到啟發而重新看待自身責任領域的人。理想上，參加者應該混合具有影響力的思想家和社會各界的機構領袖。這些討論不對外公開。我們相信，對地位高的人而言，最好的學習方式是聆聽自己尊敬的人講話，同時被迫將自己的看法和原則形諸言辭。這種人受不了別人上課或訓話。這種教育方式，跟我在倫敦商學院的教學方式很不一樣。我發現這種會議很能刺激靈感，儘管我們永遠不知道有哪個心靈或頭腦被這個過程改變。當我看著與會人士駕著名車離去，不禁心想，這對他們來說會不會只是個有趣的週末？一如所有的教育事業，最終的結果會是什麼，很難知道。

不過有個例外值得一提。離開溫莎一年後，我被邀請到董事學院（Institute of Directors）吃飯，主人是一家知名家族企業的董事長。「你可能覺得奇怪，」

他說：「為什麼我想見你。嗯，今天是個重要的日子。兩年前，我參加溫莎城堡的週末聚會，我們談論公司老闆享受的重大特權和責任。之後我問自己，我把所有的特權保留給自己究竟對不對。假如把特權跟責任都和公司裡的人分享，豈不是對我們每個人都有利嗎？我花了兩年時間才把法律問題解決清楚，今天我已經簽字，把一半的公司交給員工了。」

我想到，有時候當土壤準備好了，種子就會發芽。我只能抱著希望，盼望其他種子也同樣都會發芽，縱使我永遠不會看到成果。當老師的人一定都有同感。

## 我首度提出「家庭主夫」一詞

擔任學監時，我針對「工作的未來」這個題目安排長期的系列諮商。那是一九七八年，遠在這個題目還沒變得時髦之前；不過我們在溫莎的這個團隊，一直很努力設法將眼光聚焦在遠方地平線上浮現的議題。我還記得在早期的討論中，我首度提出，「家庭主夫」（house husband）一詞有朝一日會家喻戶曉。當時所有人都覺得這個主意荒謬得很，哪知時代變化的腳步之大，如今在某些專業領域，留在家中的男人幾乎是傲人的標記。

那一年英國的日子很難過。企業在裁員，失業率在升高，工會卯足勁與企業對抗。在我看來，情況很明白，整合全方位業務的公司將漸漸走入歷史。公司行號不再能提供員工終身的全職工作，也不再把所有需要的服務都攬在自己身上。「外包」（outsourcing）一詞尚未形成風潮，但大家已經開始將非關鍵業務小塊小塊的轉包出去。我預見一些危險，例如組織可能會將不應該外包的業務外包出去，或是出現組織必須受制於他人的情形。可是，我感興趣的是這個潮流對個人的意義。很明顯的，新類型的工作模式正在浮現，還有新類型的事業、新類型的生活方式也逐一出現。

就在那時，我想出「組合式生活」（portfolio life）的比喻。這個概念是說，會有愈來愈多人被迫、或主動選擇成為獨立工作者，他們組合不同的職業、客戶和工作內容於一爐。「這不會流行的。」別人對我說。可是現在已經流行起來了。官方統計數字和零星聽來的證據並不符合，主要原因在於，現有統計的分類無法描述許多這一類工作者。有些人是直截了當的自營業者（self-employed），但是不少獨立工作者自己成立公司，因此被歸為全職工作者；目前，英國有將近三百萬個企業沒有員工，只有老闆。如果再計入為微型企業（員工少於五人）工作的員工，還可加上兩百萬人。另外有人替雇主工作部分時間，自己則額外做些其他的工作，他們卻被列為永久的半職工作者。還有一些人自稱退休，這個詞在今天往往代表各式各樣活動的組合，有些活動納入統計報告，但並非全部。此外，在英國有一千萬正值工作年齡的人被歸為無經濟活動，大部分是婦女。這不表示他們不工作，任何一個家庭主婦或母親都能提出反證，他們甚至可能在做能賺點外快的事。這些人都是沒有被列舉出來的組合工作者。

## 跳蚤經濟

這就是我現在所稱的「跳蚤經濟」（flea economy），各種微型企業、自由工作者，都可以創造價值。他們無法被乾淨俐落的歸類為現有的工作分類，因為後者的定義仍然植基於老式的工業世界。我們現在處在知識和訊息的世界，這些小型企業或單打獨鬥的個人，都能在這個世界有效的運作並發揮功能。假如我把所有那些我稱之為跳蚤的人都加起來（當中有不少人是組合工作者），總和要超過英國登記就業人口的半數。工作的世界，要比官方統計所顯示的面貌破碎多樣。我們得警告剛出社會的人，他們一直被教導要去面對的世界，是他們父母所經歷的那個世界，而這個世界對多數人而言已經不存在了，即使存在也撐不到他們工作生涯的結尾。

「婦女向來是組合式工作者，」我太太提醒我：「這不是什麼新鮮事。只不過你們男人終於清醒過來，看到生活本來的面目。」然而，並非每個人都能那麼容易接受這樣的生活。完全組合式的工作很適合中年的專業人士或經理人，他們已經付清房屋貸款，或許存了點錢以備不時之需，或者還有一筆延後支付的退休金，他們有本錢去冒點風險，開拓一個獨立的工作生活。其實我第一次得到這個想法，是在ＩＢＭ高階主管一個歷時一天的退休預備課程上。「前ＩＢＭ員工」聽來不怎麼樣。我半開玩笑的說，既然他們以後打算進行各種活動，他們其實就是在建立一種工作的組合，那為什麼不叫自己「組合人」（Portfolio People）呢？這個詞似乎抓住他們的興趣，所以我就一直沿用下來。

後來在溫莎的討論中，我們擴大組合的概念，把眾人從事的各式各樣工作都包羅在內，包括我們所謂的「薪資工作」（waged work）和「計酬工作」（fee work），即使這兩種收入的類型很不同，而且獨立工作者一般以按件計酬來收費，不拿薪資。這個區別很重要。計酬是根據所做的工作付費，薪資則是根據所花的時間付費。計酬工作的價碼由工作者計算與提議，薪資則由雇主決定。另外還有「志願工作」（gift work），像是各種不同的義工；還有「學習工作」（study work），愈來愈多的成年學生發現學習也是嚴肅的工作；最後是「家庭工作」（home work），做家事、照顧親人是不計時間、也沒有酬勞的工作。

## 生活有絕大部分是工作

合理的組合會包含上述所有四種工作類型，儘管每一種工作類型所占的實際成分，會根據情況和重要性而變化。我曾經遇到一位年輕婦女，當她回答那個避不開的問題「你是做什麼的」時，是這麼說的：「我寫電視劇本。」

「棒極了，」我很感興趣的說：「妳有哪些作品我可能看過嗎？」

「喔，我寫的都沒被製作成電視劇。」

「太可惜了。那妳靠什麼謀生呢？」

「我在禮拜天包裝雞蛋，」她回答：「很無聊，而且無法跟人接觸，可是我可以賺到生活費。」

從此，「包裝雞蛋」在我家就成為「單調但高薪工作」的代名詞。我告訴自己，偶而賣賣身，或許是獲取高尚工作的代價。當然這只是組合式生活的一種安排。

「工作與生活的平衡」在我看來是個誤導人的講法，因為這個說法暗示工作和生活是兩件不同的事。組合式的思考主張的是，生活的絕大部分就是工作，有的部分單調無聊，有的部分賺很多錢，有的部分本身就值回票價。關鍵在於「工作的平衡」。就算是全職工作者，也需要考慮自己這個組合是否平衡。想要從一份工作這個單獨的成分得到平衡，永遠會是難題，但是如果老闆體諒，並非沒有可能。而且，我們的確需要時間休息、恢復精神，不過不少人發現，變化其實跟休息一樣有效；從一種工作換到另一種工作，本身就能提振精神。我在鄉下寫作時，會在一天之中混合安排坐下來寫作（有收入的工作）、閱讀與研究（學習工作），以及認真的家庭工作，後者包括買東西、做晚飯。它們都是工作，然而不同的類型混合在一塊，做起來就覺得愉快了；至少就我而言，以現階段的生活來說，的確如此。我也特意保留一點時間給休閒娛樂，如午飯後的小睡及溫和的網球練習與散步。老實說，我們全都是組合式工作者，即使每個人的組合所側重的地方都跟別人不同，每一年的組合方式也跟前一年不同。

## 人應該要自由安排適合自己的生活

我愈想，就愈著迷於組合式的獨立生活所提供的種種可能。雖然我當時被困在一週五天、每天八小時的工作裡，但是我看到組合式工作具有的某種自由。在我看來，人應該有自由安排適合自己的生活，尤其是在中年以後。的確，我當時主張，現在也仍然相信，隨著年紀增加，我們應該離開組織，把日益減少的老式工作機會留給年輕的一代。或者換個方式說，到了中年，我們多數人開始失去對日復一日的工作曾有的熱情和精力。我們希望（或許我們過分樂觀的認為），自己逐漸降低的精力會被逐漸升高的智慧取代，但是，市場的需求是小包裝的智慧。「約翰，我們重視你的經驗和智慧，很想留你在公司，」一個朋友被老闆告知，「可是，你只要每個星期二來就行了。」到了五十歲，我們至少應該能好好安排自己的另外六天。

當我們很安全的待在組織裡（不管感覺多像囚犯），說這種話很容易。我並沒有完全預見實行起來會有的缺點。在我寫了一本提倡組合式生活的書以後，我收到若干信件，基本上都是說，「我採納你的忠告，離開組織去過組合式的生活，可是我的組合內容還是空的。請問我該怎麼做？」我沒有好的答案。的確，我自己那時正接近五十大關，正不安的了解到，假如我要人們相信我對未來世界的理論，或許應該先拿自己做個實驗。

# 第十章

# 聖馬可教堂和聖喬治禮拜堂

「我該穿什麼？你要我坐在哪裡呢？」我對聖喬治禮拜堂的首席司事說。這座宏偉的禮拜堂是我們學習中心所在中庭的整個側翼，也在我們做的許多工作中擁有關鍵地位。當值的主任牧師有事被召喚到別處去了，禮拜天早上不能出席講道，他要我代替他。司事不以為然。「你就穿你想穿的衣服，」他說：「坐你愛坐的位子。這事沒有前例。自從我們禮拜堂開創以來，在這悠久的歷史中，從來沒有非神職人員在這裡講過道。」他說的正不正確，我完全不知道，但是要打破好幾個世紀的傳統，是有點嚇人，不講得好一點不行。不幸的是，我那微不足道的講道才剛開始，音響系統就沒聲音了。我盡最大努力繼續說下去，但不禁要想，莫非冥冥中有人在插手，以免虔誠的耳朵被我不敬的思想給傷害了。

那天後來，司事為了「音響系統不幸出了毛病」過來向我道歉。「真可惜，」他又說：「因為他們跟我說，你講得很好。」我覺得很安慰。不過，我不知道我父親會不會同意司事的意見，認為由我來詮釋上帝的話並不適當。幾年前，我曾經在週間到康芬大教堂（Coventry Cathedral）對商業界人士講道。當時，父親不以為然。他告訴我，我不合資格。然而我希望他現在會對我後來的改變感到驚喜，而且明白促成我改變的最大原因是他的死亡。因此，那天下午在聖喬治禮拜堂的影子下面，我的思緒回到另一座優美的教堂，愛爾蘭田野中的一座教堂。

我記得，九月二十九日在我家向來是個特別的日子。那天是聖馬可節，父親的教堂奉的就是聖馬可的名諱。如果要講得很精確，教堂是奉獻給「聖馬可與所有使者」（St Michael and All Angels）的。對還是個小男孩的我來說，這個名稱似乎太貪心了，一個小不溜丟的禮拜堂竟然要裝進那麼多東西。對於教堂守護聖者的節日，父母非常重視。父親總是會請到一位高知名度的神職人員，在特別舉辦的下午聚會中講道，母親則會舉行一個花園宴會，邀來一百多人參加，不少人從都柏林專程來參加這個活動。在那個時代，時間比較悠閒，而教會和教會活動仍然是南愛爾蘭新教徒的生活中心。

## 聖馬可教堂

我們的教堂不管是當時或現在都跟別的鄉村教堂很不一樣。其中一點是，我們的教堂不在村子裡，而是在兩英里外的一個小丘上，由於地勢高起，那位十九世紀晚期建立這座教堂的人，從自己的房子眺望出去還可以看到教堂。那個人名叫湯瑪斯・川區（Thomas Cooke Trench），由於他在義大利待過，因此決定要興建一座純粹羅馬式的小教堂，據說他的建築範本是加爾達湖（Lake Garda）附近一間教堂。大理石的牆壁不加裝飾，完全不讓人刻字或釘上牌匾，這是上帝的房子，不是死人的房子。我很喜歡一個人待在裡面，我還是個小男孩時，每學期要回可怕的寄宿學校以前，一定要做的最後一件事，就是去教堂待幾分鐘說再見。能振奮精神或帶來平靜的宗教建築其實不多。這座教堂就有這個本領。

在愛爾蘭鄉下，這樣的教堂很罕見，或許這是父親一輩子沒有離開那個教區的主要原因。他工作生涯的一大挑戰，是重建教堂一個不小的部分。有兩個竊賊在教堂裡找不到值錢的東西可偷，憤而放火燒毀部分的教堂。一旦重建完成，我有個感覺，他再也不會離開了。現在他被葬在法衣室門外，那是他四十年間每天必然穿過的一道門。

教堂距離我們的牧師宅邸兩百英尺，是我童年時代全家生活的中心。禮拜天是特殊日子，我們為這一天穿上最好的服裝，而非隨意穿著，耶誕節和復活節更是我們每一年的高潮。在十八歲之前，我從來沒有對這些事情有過任何質疑。那是我們生活規律的一部分，我沒有對其背後的想法做太深的探索。因此遺留在我身上的是對神聖建築的熱愛與欣賞，只要它們沒擠滿東西就行，而且最好是空無一人。至於導致這些建築興建的宗教，則是另一回事了。

## 聖喬治禮拜堂

把時間從童年時代快轉四十年，我發現自己住在另外一棟優美的神聖建築旁邊，溫莎城堡的聖喬治禮拜堂。不過，這棟建築裝飾豐富，滿布人類自豪與榮耀的表徵。帝王埋在這裡，他們的墳墓和禮拜堂提醒我們他們是何許人也。大型旗幟飄揚在唱詩班的上方，繡滿嘉德勳位騎士的紋徽。如今，年邁的前首相、公爵以及皇族，取代昔日的武士。這是充滿人類輝煌事跡的地方。一眼看去，似乎看不見上帝的蹤跡。

可是我有把鑰匙，到了晚上，那裡完全變了個地方。環繞中堂細長的圓柱，以英格蘭垂直式樣建造而成，看起來真是伸向天堂。我站在沉靜之中，察覺自己的渺小，不知怎麼的，卻也平和的接受自己的渺小。自這座建築起造以來的六百年間，不少自認重要的人物在此祈禱，然而現在，只剩下覆蓋他們骨骸的石頭。塵土歸於塵土，說得沒錯。不過，我們不必為此感到憂鬱。死亡是個很有用的截止期限。它提醒我們，生命是個短暫的機會，可讓我們在己身之外創造些什麼，說不定能長留世間。埋葬在這裡的人，其中有些佼佼者即是如此。從這棟建築施工之初就開始幹活的那些工匠知道，他們在有生之年見不到這間教堂完工，但他們仍然盡力蓋一間好教堂，好讓它在自己離世很久之後依然屹立不搖。當我帶著各家公司的董事在深夜參觀禮拜堂時，我總會設法把這個想法刻進他們腦中。他們看到的未來有多遠？如何確保未來一定是好的？而就他們的處境而言，美好的將來有什麼意義？

我愛這座禮拜堂，不管裡面擠滿人，還是空無一人，我也愛禮拜堂的音樂。男聲聖詩班由男童組成，我兒子也在其中，他們是英格蘭最好的唱詩班之一，每星期有六天要唱晚禱詩，禮拜天要做三場禮拜。對我來說，做禮拜不只是聽一場神聖的合唱表演，而是我安靜冥想的空間。當唱詩班唱歌，牧師讀經、祈禱的同時，我進入腦中的私人地域。大部分時間我並沒有注意周圍的動靜，不過我可以感到它們在某方面是好的。我也特別喜愛每天早上在一間小型附屬禮拜堂舉行的簡短聖餐禮。誰都可以參加，但是通常只有主任牧師、三名法政牧師跟我。二十分鐘的時間裡，我任由自己迷失在其實是中古時期的儀式之中。在那樣的氣氛裡，同事之間傳著聖餐餅和酒，似乎是個有用的象徵。這是一天中美好的開始，瑣碎的日常工作還沒襲上身來。

我看來一定十分虔誠。我們搬到溫莎城堡沒多久，岳母來跟我們同住，她驚訝的評論道：「怎麼回事？今天你已經去了三次教堂，可是今天才星期四！」事情的真相是，我那時候和現在一樣，只是文化上的基督徒。我著迷於英格蘭雄偉古老的禮拜堂和大教堂，那些為了在教堂演奏、演唱而寫的許多音樂，教堂的不少儀式和十七世紀的很多用語都讓我上癮。然而，我對其背後的組織沒什麼耐性。跟所有的組織沒有兩樣，它們似乎對自己的生存比對奉行組織存在的使命更感興趣。這不見得是組織內部人員的錯，他們有很多人是認真奉獻自己的生命給上帝、給人類。組織的存在或許有必要，但是有太多組織像是監獄，而獄卒更關心自己的福利，而不是所照管的人的福利。

## 宗教組織跟一般企業沒什麼不同

我在父母的餐桌上，見到也聽到來訪的神職人員跟父親（他的職位是會吏長[7]）一邊討論主教或主任牧師等等人選各有什麼優點，一邊痛罵總部辦公室增加更多書面作業的規定，同時不著痕跡的為自己的任命尋求支持；「我覺得自己受到上帝呼召」是他們的講法。他們認為自己的才幹能在新職位得到更好的發揮，可是我往往以懷疑的眼光注意到，他們想去的地方會有更好的宿舍和學校。我尋思道，這跟殼牌公司或任何其他我在商業界遇到的組織沒什麼不同。公司章程、政府法規和等級階層是組織的骨骼和血管，至於人脈關係，以及從中而生的政治，則是在組織裡流動的血液。

信仰需要一大套繁文縟節的組織才有效嗎？我問自己。宗教組織多半始自耶穌，但作為創始人的他並不以為然。然而，組織很少會自己結束生命，而且這些

7　譯注：牧師層級中最低的一級。

組織已經存在很長的歷史，安然度過內部革命、分家和改革，它們可不會自己走入歷史。

用懷疑的態度去看宗教組織並不難。我更擔心的是，我逐漸認清自己無法接受他們的教義。很明顯的，我不太可能相信有個什麼人（也許是女人？）在上頭設計、管理這個世界，也不太可能像我們從前祈禱的那樣，相信上帝的兒子照看著我，而且守望（prevent）好我所做的一切事。（很多年後我才明白prevent的古英文意義是「先行」，go before。）他們真心相信死人會復活嗎？相信有天堂和地獄嗎？我個人比較相信永恆的死亡，而非永生，想到構成自己身體的複雜分子將隨時間分解，最後轉變為其他東西，我就感到安慰，說不定會變成一棵樹或一隻青蛙，誰曉得呢？也許這才是我真正的不朽。就是這一點使我希望自己能夠土葬，而非火葬，以便於蛻變。

我覺得，我們應該認真看待基督教的神話，但跟希臘人看待他們的神話一樣，用不著把神話當事實。我們得記住，聖經並非老是那麼一本厚厚的書，即使那些片段被寫了下來，也不是給很多人看的。印刷術發明以前，絕大多數的人從來沒見過書。當他們看到一本書，裡面的文字往往是看不懂的語言，比方拉丁文。因此，他們是在教堂、禮拜堂裡聽故事，看面前牆壁上的圖畫。任何人只要對一大群人講過話都明白，要抓住聽眾的注意力，就必須用故事闡明重點，而且只要有機會就盡量展示圖片，因為我們多數人對圖像的記憶要比對抽象觀念來得強。這點耶穌本人很清楚。他講的故事跟聽眾的生活有關，使他們腦中顯出圖像，後來就成為教堂牆上的圖畫。

## 故事提供的是「低解析」的觀念

要傳達重要的訊息或真理，故事不必百分之百真實。我自己就虛構或改變過事實，以便把一個道理表達得更好。為了說明「第二曲線」的觀念，我常常講一個自己在都柏林後面山丘上迷路的故事。路邊一個愛爾蘭人告訴我怎麼走。「繼續照你現在走的方向直直往前走，一直走下山谷。過了一英里左右，你會過橋，然後會看到橋另一端的大衛酒館（Davy's Bar），你不會錯過的。清楚了嗎？」他說。

「很清楚。」我回答。

「好極了。在大衛酒館之前半英里，要先右轉上坡。」我告訴聽故事的人，太多人會發現自己已經到達人生中的大衛酒館了，這時再回頭去找本來應該走的路，為時已晚。

不少人問我大衛酒館在哪裡。這個地方並不存在。我的故事是奠基在一個事件上，但是我添加了枝葉，使它更容易讓人記得，希望大家因此也記得故事背後的觀點。我毫無褻瀆之意，但是我相信聖經裡不少故事跟大衛酒館一樣，為了表達重要的真理，這些故事被誇大，成為讓人記憶分明的故事。它們並無意要人認為是事實。

故事提供的是我所謂的「低解析」（low definition）觀念。它不告訴人怎麼去一步一步做，而是給人線索去追上一個迷離不清的想法。尤其是當故事是靠口耳相傳留下來的時候，大家更不能像基本教義派喜歡的那樣，你引一句我引一句來對答。記憶會騙人，當初說了什麼，一個人的版本不會跟另一個人一樣，即使兩個人都參與那次對話。我認為，要把那些在事情發生後幾十年才形諸文字的故事當真，有點可笑。我第一次讀到山繆・巴特勒（Samuel Butler）針對維多利亞時代社會和宗教現象所寫的諷刺小說《虛幻國》（*Erewhon*）時，印象很深，作者以自己當主角，造訪一個虛構的國度。我對續集《重訪虛幻國》（*Erewhon Revisited*）的印象更深，作者敘述自己多年後舊地重遊，發現他第一次造訪的經歷已經在那裡衍生為許多故事，例如他以熱汽球從島上逃走的事件，隨著時間經過而被放大，竟成為升天的事跡。

## 我們這輩子都經歷過許多小的死亡

這一切都不該磨損聖經故事的重要性，或是其他宗教類似的神話故事，這些故事都包含重要的真理。聖經本身是人類智慧的偉大結晶，假使我們認真詮釋的話，會學到很多東西。我偏愛的一幅宗教畫是聖墓鎮（San Sepolcro）市政廳的議事堂委託畫家皮耶羅．德拉．法蘭契斯卡（Piero della Francesca）繪製的；聖墓鎮是義大利托斯卡尼東北角十五世紀末的一個村落。畫家描繪耶穌復活的景象，這幅壁畫所在的房間如今屬於一座博物館，但當時這幅畫一定對坐在議事堂裡的市民代表產生強烈的效果。畫裡的基督實實在在的從一具石造棺材裡走出來，羅馬士兵在旁邊熟睡。事件的場景是托斯卡尼的風貌，對所有看畫的人來說，景色再熟悉不過。畫家暗示，這件事情不是發生在遙不可及的地方，而是近在眼前，就在他們生活的地方。

畫中的基督，神威逼人。不特別和藹，沒有笑容，不管你站在哪裡，他的眼睛都注視著你。他似乎朝著你過來。這是怎麼回事？多年來，我看這幅畫的次數多得數不清，經常那個房間裡就站著我一個人。祂似乎在對我說：「經過這一切，我還能活下來、站起來、重新再生；那麼你也能。」我們每個人這輩子都經歷過許多小的死亡，我思索道。但是，沒有任何一次小死亡能阻擋我們重新出發，或是阻擋我們以新的出發彌補過去的任何虧欠。「拿出勇氣，現在開始你的新生。」這個形象這樣告訴我。當然，這是我個人的詮釋，不過跟一個在想像中的天堂展開的新生相比，對我來說，後者模糊不清，前者更有意義。至少，我能著手改變。

我一度有個主意，想發行一本書，對某些世人熟知的聖經故事提出我的詮釋。然而，當我的溫莎生活逐漸接近尾聲時，羅伯特．佛斯克洛福（Robert Foxcroft）找上我。他當時在製作BBC廣播《今天》節目的單元〈今日思考〉。他要我試講幾個單元，對時事進行宗教反思，時間長度是兩分四十五秒。俗稱〈上帝時間〉（God Slot）的這個單元，是BBC為了符合宗教（各種宗教）內容播出比例的規定所製作的。節目主持人並不歡迎我們這些講者。在收聽的尖峰時段，我們竟然得到將近三分鐘的時間，談話完全不被打斷，題目任我們選擇，其他人都無法享有這種自由。雖然前一晚我們得把講稿交給BBC的宗教事務部門審查，但是管理人員並不向主持人透露講稿內容，因此他們只能坐等我們開講，會出現什麼東西，他們心中完全沒有頭緒，也從來沒有發問的機會。

究竟主持人覺得你值不值得那寶貴的三分鐘，可以從他們介紹你的語氣聽得出來。〈今日思考〉單元我斷斷續續做了二十年，逐漸的，我認為我已經贏得那些優秀主持人的敬意，他們的聲音是英國四、五百萬中產階級吃早餐的背景聲音。我第一次露面發聲時，節目主持人是布萊恩．芮德海（Brian Redhead）。我記得在我講完時，他笑出聲來。所以他真的在聽！這樣的小事情能讓我開心一整天。

剛開始這份工作時，我太太給了我兩個忠告：「不要說教，而且絕對不要用上帝做主詞，那會讓人不想聽，何況你怎麼曉得上帝在想什麼？」她的提醒很有智慧。因此我採用所謂的「隱含的神學」（implicit theology）。我主張，基督教植基於「道成肉身」的教規，意即上帝體現為人，因此上帝是什麼的問題就有了無限可能。我視上帝為我們向善的本能、我們的良心、我們利他的基因。神經科學家安東尼奧．達馬修（Antonio Damasio）嘗試以自然主義的方式定義靈性

（spirituality），跟我對於什麼是神性（Godness）的想法不謀而合。「我把靈性的概念納入一種強烈的和諧經驗，」他解釋：「此時有機體的運作正進入最有可能出現的完美狀態。當你期望以慈善待人時，這種經驗也同步展開。」

約翰．鄧恩（John Donne）以更有詩意的方式抓住和諧的概念，他寫道：「所居之屋將沒有黑暗，亦無熾亮，僅有平和的光；沒有噪音，亦無寂靜，僅有平和的音樂；沒有恐懼，亦無希冀，僅有平和的擁有；沒有結束，亦無開始，僅有平和的永恆。」對鄧恩而言，對上帝的信仰能引領人進入這種至福（desideratum）之地。我能認同他的夢想，但是不認為需要他的上帝來促成夢想實現。宗教有時會造成太多的向「上」授權。不過，要是你不相信世界上有某個善的來源，那麼也可能會出現是非不分的狀況，無從糾正純粹的自私。

我認為，我算是一種基督教的人文主義者，好在從來沒有人要我定義我的信仰。我主張，假使善的本質（有些人稱此為神）真的是人性的一部分，那麼我們應該不需要用宗教語言才能表達這個信息，日常生活的語言就夠用了。而且，就跟聖經的寓言故事裡包含許多基督教的信息一樣，這些信息也能在我們的生活裡找到，只要我們願意去找。如托爾斯泰說的：「神是生活」，我們可以在生活過程中找到神。在世間日常事件中盡力挖掘事物的意義，我認為這是我的角色。

## 教人者反而學得最多

那些思想單元要做得好，並不容易。你必須對某條新聞加以反省，或尋思當天早上節目中可能觸及的某個問題。如果能說個自己的故事，加入一點幽默，以及更重要的，加入故事的教訓，那麼會有幫助，但是我能講的話全都不能超過四百五十字。理想上，我的談話應該留下些東西，讓大家在那天早上去工作的路上能夠思索一下。

而且，更具挑戰性的是，佛斯克洛福指出，可能有四百萬到五百萬人收聽；不過這不表示他們會聽進去。對不少人來說，〈今日思考〉是個鬧鐘，叫他們起床、出門、把白煮蛋放上爐子等等。一開頭你得用十秒鐘的時間說點什麼吸引他們注意，哦，還有，這是現場播出，不容許事先錄音，以免臨時有大新聞需要反思。因此，結巴、咬字不清、錯誤，統統不能有，第一次就要做對。

那確實是個挑戰。以前我會預留節目前的一整天，專門準備我的四百五十字講稿，因為我無法保證第一次就做對。我的稿費是每分鐘二十七英鎊，報酬不壞，但是總共不到三分鐘，所以這不是發財的好辦法。然而，根據教人者反而學得最多的原則來看，做節目的二十年來，我對自己的信念了解不少。把世間與人生中的怪事搞個清楚，倒是實踐哲學的一條可行之路。

有天早晨，錄音室在早上五點半打電話給我。迷迷糊糊接起電話，我說，你早了三十分鐘。他們回答，沒錯，可是昨晚舊金山發生地震，所有通訊線路都斷了，沒人知道情況有多糟。我必須放棄原先準備好的稿子，在兩小時內想出一個道德上的信息。我想到的是上帝令人不解的作為，何以一個好上帝會讓這種事情發生？但我覺得這不是我的風格。你沒辦法找到這種事件發生的原因，不過，你可以想想應該怎麼面對。我聚焦在舊金山兩位朋友身上，巧的是，我們約好過一個月就要去看他們。我在空中把自己的疑問說出來：他們現在怎麼樣了，是否還活著，不曉得我們還有沒有機會一起造訪酒鄉？接著我想到的是，通常要怎麼做，對那些受難者的幫助最大？我說，最好的方法是表達我們的關心。要做到這點就不能退縮，不能怕侵犯他們的隱私。「所以，等電話一通，就打電話給你在美國的朋友。這是幫他們，也是幫你自己。現在，出門前就試試。」這大概算不上宗教性內容，只是常識而已，但是那天早上，當報新聞的人正在列舉可能發生的慘劇，而一個個葬身瓦礫的人只是統計數字時，需要有人說這個話。

做得好的時候，那些「思考」的確可以提供短暫的停頓，使人在連番疲勞轟炸的政治訪問和令人沮喪的新聞短訊之間思考一下。我們都需要這些停下來思考的時間，而宗教可以提供一個思考的架構。我曾經建議節目團隊放棄有聲音的「思考」，而代以「暫停默想」，提供兩分鐘的靜默時間讓人思考。他們告訴我，顯然我不了解廣播，因為沉默是廣播的毒藥。但我喜歡這個主意：全體國民，或至少其中一大部分人每天早上一起默想。

叫它祈禱、崇拜、冥想，都行；這個方法能把我們從日常奔忙拉回，思考這一切是為了什麼。我父親每天早上都這麼做，單獨在幾步路外的教堂裡晨禱。我有個朋友每天早上固定靜坐二十分鐘或一小時。我太太和我在早飯前，會到家對面的荒地走個四十分鐘。我們一起計畫這一天要做什麼，但大部分時間我們只是走路，安靜自得。假使附近有個教堂或禮拜堂，我說不定會過去，但是大自然本身就是禮拜堂，它不斷變化，總是在那裡，而且總是免費。

## 畫廊和劇場是我的俗世禮拜堂

我發現藝術也會帶我離開眼前的世界，進入另一個地方，鼓勵我用不同的眼光看事情。有時候，當我們跟孩子和他們的另一半造訪畫廊時，我們會提議每個人都在展覽中選擇兩件最能跟我們心靈相通的作品，在畫廊的商店裡買下它們的明信片，然後在吃飯時描述它們如何引發我們的思緒。戲劇若得到最好的演出，也能把你帶到陌生的情境，強迫你思索生命中或許與之共鳴的兩難與困境，但是從幾排椅子的距離以外觀看，你可以更客觀。偉大的戲劇有時候很駭人，把你寧可迴避卻知道不該迴避的問題迎面擲來。它們以不同的方式幫助我思索盧克萊修（Lucretius）所說的「事物本性」（reum natura）。

我的信仰來自於對事物的自行思索和設法解答，包括對生命的目的、道德，以及死後事情的看法。這不容易。這樣做有可能導致教宗本篤十六世所認為的當前時代普遍危機：世俗的相對主義，換句話來說，是一個隨意挑揀組合的基督教；每個人自行決定喜歡的部分、自行決定對錯。這並非新問題。聖經〈士師記〉有段經文如此說：「那時以色列中沒有王，各人任意而行。」

教宗相信，人需要道德指導原則，這些原則的基礎是對上帝的信仰。我可以明白，假使你能夠接受信仰，是比較容易區別是非。我也觀察到，不少知識分子在離死亡愈來愈近時改信羅馬天主教，一舉解決所有那些理性上的兩難問題。假使你能接受那個宗教前提的話，這是個安慰。然而，我在故鄉愛爾蘭目睹到，當人臣服於對宗教的絕對肯定，從中滋生的道德專制會帶來多少危險。當年大家都停止個人思考，反正規定很明確，各地方的牧師就是所有事情的仲裁者。那種宗教讓人恐懼，而非使人喜樂，做錯事情會有什麼後果，都被一一羅列。而告解這件事照我看來，成為牧師階級控制教區百姓的手段。想像一下，倘若所有員工都覺得有義務每週向經理透露自己的失誤和惡念，而每件罪行都有相應的贖罪方式，這對公司會是多大的方便。這樣的制度必然使個人的主動性和活力大量流失，大家會覺得聽主管的吩咐去做，日子要簡單得多。我深信牧師中有許多人舉止虔敬、心存仁慈，但他們屬於一個權威的系統，那個系統容不下懷疑與批評，甚至接受不了自己的王國裡存在錯誤與腐化的可能，而後來那些錯誤與腐化被證明是存在的。因此，愛爾蘭在我住在那裡時，是個充滿罪惡感和壓抑感的國度，絕非他們的上帝所樂見。

## 你必須自己建立行為規範

愛爾蘭現在不一樣了。愛爾蘭人已經全面擁抱世俗的相對主義，而且過分熱情。其他國家也已經跟進。若望保祿二世（John Paul II）很有魅力，而且毫無疑問是個聖人，但那並不能使他的社會教導變得更吸引人，或者按照我的觀點，也並未變得跟世間的需求密切相關。西方世界把他個人和他的教導分開，結果十分矛盾的，在他擔任教宗的時期，一旦大家發現他們可以只要人不要教義，教會的權威反而減弱。以此推斷，他們可以只要上帝，不要戒律；只要靈性，不要囉唆的道德規矩。一旦規章被忽視，剩下的就只有一張愛做什麼就做什麼的通行證。

接納一切，這個新做法是各地宗教都在面對的問題，不只是天主教，新教、伊斯蘭教也一樣。戒律遭到忽視，上帝被否定，這時你必須學會自己弄清楚自身的信念，自己建立行為的規範。多數人發現這樣做有困難，並不令人意外。在這個益發世俗化的世界裡，我相信，教會的新角色會是承擔起哲學的教育，教我們

如何思考，而非如何守規矩。教會要做這件事可能能力不足，信用也不夠，因此給我們的文明留下一個危險的空隙。

在一個沒有宗教的時代，我們不希望政府來填塞這個空隙、取得道德權威的角色。已經有跡象顯示這個情形正在出現。每天都有法律冒出來，規定我們要照顧子女、尊重鄰居、避免傷害環境、照顧好我們的健康和生活方式。要不了多久，政府就會攬上新的責任，替我們找適合的工作、住宅，以及提供適當的教育。這是共產主義走過的道路，當時宗教被禁，又沒人敢讓大眾為自己思考。相對主義的確是當前存在的一個危機，但是處理的方法不是增加更多規定，也不是不准人對宗教信仰質疑，而是進行更好的教育，讓大家有能力自己思考。

或許這可稱作一種「哲學的任務」，同時我逐漸看出，這也是我的使命所在。父親葬禮後，我一直以為宗教能提供一種我在他身上看到、而且羨慕的確定性，以及一種生命意義的價值。溫莎的日子就是我的學徒階段。那四年我聽到一百位以上各種信仰的神學家的講話。我跟英國國教當時幾乎所有主教都碰過面，他們來到聖喬治堂，想看看自己教區以外的世界。每年兩次，二十名新上任的牧師要來我們這裡待一個月，有點像上複習課程，我有機會好好認識他們。我見到很好的人，他們大多把熱忱投入工作，他們也相信那些在禮拜堂裡宣揚的絕大部分教會信條（即使不是全部）。那是我的沉浸式教育，我學到很多，但是我也認清了，我無法信仰他們的信仰。

我確信基督教的故事很重要。但我們需要為此時、此地以及今日的行事作風，將基督教的信息加以詮釋、翻譯。那是我認為自己該做的工作，同時我心中一直明白，這個翻譯需要讓傳統信仰之外的現代外邦人能夠了解而且感興趣。溫莎四年任期接近末尾時，主任牧師問我想不想被授予神職。這次我毫不猶豫的說：「我很感激你的建議，但是不了，我不適合。」

# 第十一章
# 組合式生活

一九八一年七月，在歡送我離開溫莎的派對上，人群正在聚集。比爾（Bill）靠了過來。

「我只有一個忠告給你，」他說：「一定要確定每天早上起床後有事情可做。要不然，退休會殺了你。」比爾跟他的公司是我們中心最好的客戶之一，他是出於一片好意，而且不是無的放矢，他看到太多朋友太早死掉。但是我大吃一驚，他以為我要退休了。我當時四十九歲，想都沒想過退休。二十五年後，我仍然不覺得退休是個好主意。

不過，我犯了一個技術上的錯誤。我已經暫時提出辭呈，提議在做滿四年、而非完成五年任期時，離開聖喬治堂的學監之職，好讓接任者提前接手。然而當我的辭職立即獲准時，我覺得沒面子，也有點不高興。我承認，我有種假謙虛的瘾頭，一方面自謙，一方面希望對方責備我。我本來希望在我提出辭呈時，主任牧師會慰留我，說：「謝謝你告訴我們你的決定，但是你對我們實在太重要了，除非不得已，我們不能放你提早離開。」剛好相反，他似乎很高興讓我離開。這裡有兩個重要的人生教訓：不要提出你不是真心想給的東西，還有，不要放話去想要得到別人的讚美或保證，因為你可能得不到。

突然間，我必須考慮自由工作者的生活方式了，那正是我在溫莎的討論中預告的未來趨勢，不但是預告，我甚至建議五十歲以上的人去過這種日子。我記得我說過：「讓出路來，把組織留給年輕有活力的一代。我們並不像自己所想的那麼不可或缺。大多數人拖著不走太久了，一心指望自己的智慧能夠彌補精力的不足，甚至比年輕人的活力更有價值。」我是自打嘴巴。

## 大多數人都是被迫走入組合式生活

那個時機很不湊巧；時機從來都不會湊巧。我已經想好，社會哲學將是我的新使命，但是，像聖奧古斯丁（St. Augustine）一樣，現在時機尚未成熟。[8]大多數人都是被迫才走入組合式的生活。我們的兩個孩子才十幾歲，還在溫莎城堡上學，我在倫敦商學院有個兼課的合約，但除此之外我沒有任何可知的維生途徑。當我告訴伊麗莎白我在無意中走的一步棋，說我們必須在三個月後離開，回到倫敦的公寓，而那間公寓當時正賺著可觀的租金時，說她大吃一驚絕對只是輕描淡寫。了不起的是，她看到事情的光明面。「現在你可以專心寫你的東西了。」她說。

我的寫作經紀人不那麼肯定。他來我家吃午飯，告訴我：「別放棄白天的工作。」

「我剛好就這麼做了。」我回答。

「喔，天哪。」

「不過，我有幾個構想。」

「現在不是寫新書的時候。你的教科書賣得相當好，何不編寫一個新版？」

「我不要。我想寫給更多的人看，提醒大家注意社會上正在發生的事情。」他不開心。想到他得負責支撐起我的未來生活，他就高興不起來。我對未來社會的看法無法吸引他，他也不認為會吸引任何出版社出版我的書。他求我去找另一份工作。

「我不要，」我很堅定的說：「我要走向組合式生活。」

「意思是……？」

「我要成為獨立的自由撰述，自己組合一籮筐的活動，全繞著我的寫作打轉。」

「好吧，」他下結論：「別指望靠它過活。我經紀的作家一共有一百個左右，靠自己的書賺到每年一萬英鎊以上的人只有兩三個。」

8 譯注：聖奧古斯丁在自傳《懺悔錄》中寫道：「請賜給我貞節與禁欲，但不是現在」，成為一句名言。

## 我脫離組織，沒有任何頭銜

他走的時候神情抑鬱。情緒是會傳染的，自由的前景不再那麼吸引人。我即將發現，建立一個組合式工作，說的比做的還容易，特別是第一次嘗試這麼做的時候。我這輩子其實一直在回應待辦事項，有電話就去接，信箱裡有需要處理的公文或信件就處理；雖然我偶爾也會主動提議某個計畫，但推動我的人生前進的，基本上是外來的邀請或他人的期待。突然間，信箱裡空無一物，只有報紙。沒有會議要開，沒有人要見，沒有執行目標，沒有工作評估，而行事曆是空的。我原先一直以為這是幸福來臨，其實不然，反而更接近恐慌。我不再低估從受到庇蔭的監牢搬到廣大無邊的世界有多困難。我覺得自己好像從生命中一個小而美好的洞穴跨出來，洞穴或許不舒服，或許窒悶，但至少是個安全的地方。我跨進一個虛空的地方，下面有多深，最後跌到谷底會到達什麼樣的地方，我一無所知。

更讓人不安的是，我喪失明確的身分。誰是這個新的韓第？組合式生活可以定義我的生活方式，但是至於我是什麼人、做些什麼，則一點也沒提。我沒有一個標籤能告訴別人自己屬於什麼組織、有資格做什麼，這點我感受至深。「你要怎麼描述你自己？」朋友問我：「你不能一直說自己是『前學監』。」沒多久，這個問題就來敲門了。離開溫莎的第一個月，我開始做〈今日思考〉節目，主持人需要介紹講者，說出他的組織或職業，讓聽眾知道他的來歷，把他放進一個身分的格子。

一開始，他們給我聖喬治堂前任學監的標籤，但是正如朋友的預言，這持續不了多久。接下來，我的介紹變為來自倫敦商學院，因為我仍然是那裡的訪問教授。對於在上帝的時間講話的人來說，這個出身實在太不可思議了，因此我頗喜歡。後來聽眾聽到的我，是皇家工藝協會的主席，這個背景顯得比較開闊。終於，當我淡出所有組織的關係時，他們介紹我只說查爾斯・韓第。到了那個時候，在許多會議的名單上，我是唯一沒有任何所屬機構和專業頭銜的出席人，我視之為我的獨立標記。不過，起先我覺得怪怪的，好像沒穿衣服，因此我抓住教授的頭銜不放；韓第教授，給了我一種專業的服裝。「何必呢？」伊麗莎白問：「你又沒有在教書，至少不再正式的教書了。對我來說，我的名字就很夠用了，為什麼你們男人總要更多東西來證明自己的存在？」好問題。答案是沒有安全感，我想。

## 我視自己為社會哲學家

伊麗莎白提醒我，這是你的機會，可以藉此探索自己的其他面向。在這之前，我住在一個接著一個的舒適監牢裡：殼牌、商學院、溫莎城堡。我在每個地方都學到了東西，但是它們也把我鎖進某個角色。在溫莎時，除了幾個熟識的同事，大家都叫我學監。我會問自己，這個奇怪的維多利亞時代的人是我嗎？有時候我覺得自己只是一場古怪戲劇裡的演員。終於我明白了，過去在所有的工作上，我都得注意自己說的話，以免違反所屬組織的利益。我總是小心翼翼，擔心身後有人在聽。言論自由或許是天賦人權，但是假如有人付你薪水的話，伸張這項人權就太不明智了。現在，作為沒有任何組織牽絆的韓第，我能損害的只有我自己。我能說能寫真心相信的話，當一個我真正想當的人，去任何我愛去的地方，只為那些我看得起的人工作。我終於視自己為社會哲學家，而非任何一類管理專家，不過，要找標籤貼在我身上的那些人經常叫我顧問，後來還成為管理大師，一個我逐漸變得厭惡的頭銜。

儘管如此，我的經紀人是對的。能靠寫書養家活口的作家少之又少，尤其是如果寫的是非小說類的書，不太可能吸引到改編為電影或電視連續劇的權利金。當我知道英國每年出版的新書超過十萬種，我很驚訝，而且頗為氣餒。書店沒有空間展示每一本書，更別說是保留位置給它們幾個月不動。普通書籍在大多數書店裡最多六個月就下架了，而它們的身影一消失，通常就意味著被遺忘了。有亞馬遜網路書店真是萬幸。我的舊書都能在它龐大的庫藏裡留下長尾（long tail）。

有一年我造訪法蘭克福書展，我的沮喪更是加倍。二十英里長的書籍中，沒有幾本是我的。經紀人和出版社給作者的忠告沒錯，永遠別接近那個地方。有一次我問一個出版商，他知不知道什麼方法最能保持舊書的活力，他的回答是：「要作者寫一本新書。」我看得出來，如果我打算認真展開作家的職業生涯，不能有一刻放鬆。

而同時我得有米下鍋。進入職場二十五年以後，每個月不再有薪水入帳，也沒有所得稅的扣繳，感覺很陌生。我必須儘快想辦法找到收入，而且要記得存起一部分，應付日後不可避免的納稅義務。寫書，在眼前一時幫不上忙。書要花時間寫，出版商還要再花一樣長的時間才能把它們送進書店。我的第一本書是教科書，《認識組織》（*Understanding Organisations*），雖然賣得不錯，但是有點舊了。我有本新書剛上市，叫做《阿波羅與酒神》（*Gods of Management*），是我嘗試為經理人所寫的第一本實務書籍，但是書評不熱情。「我希望自己永遠不必去任何一家韓第的組織工作，」一個評論寫道：「或是活著親眼見到他描寫的世界來臨。」有這種書評，我沒希望一夕致富。

因此，有一陣子我成為專業演講人，到企業的在職訓練營上帶領討論、發表演說。我帶自己的那兩本書去。它們是我的銷售助理，以最不礙眼的方式推銷我和我的觀念，這是一種文靜的廣告方式。我們每個獨立工作者都得做推銷工作，但是我討厭必須叫賣自己或自己的貨品，我猜大多數人也是如此。理想上，一個人應該只要應付需求，但是縱使我不覺得舒服，心裡卻明白，要刺激才有需求。現在，我會警告想成為組合式工作者的人，有可能得先花上七年時間，工作來源才能保持穩定。

## 讓別人替你吹噓

這全怪培育我的這個文化。我們被鼓勵要謙遜；每個人都不虛張任何成就或才華，社會可以比較溫和。「真的不算什麼。」我聽到自己這麼說，或是「我寫作只是為了讓自己沒時間四處惹事生非。」但是，如果你不大聲嚷嚷，怎麼讓人知道你在那裡？答案是，不要為自己吹噓，如果一定要的話，讓別人替你吹噓。有人告訴我，去請個經紀人吧。所有的獨立工作者都有經紀人；去看看演員、模特兒、體育明星、流行歌手、歌劇演唱家，甚至作家。修水管的、電工，還有各式各樣的臨時工，包括經理人，都有專門的經紀人。職業介紹公司萬寶華（Manpower）的名冊裡所記載的人數，比任何組織雇用的人都多。在我所預測即將來臨的跳蚤經濟裡（其實已經來臨了），這些經紀人是中間雇主，他們將客戶和各種有才華和技能的人聯結起來，而過去是組織在擔任這個工作。因此，沒錯，我也出去找了一個寫作經紀人，但是他也不太喜歡吹噓，甚至不替我吹噓。在我開始組合式工作生涯三年之後，我收集為〈今日思考〉寫的所有講稿，向他提議，或許能出本不錯的小書。

「喔，我不覺得會有人感興趣。」他不當一回事。若干年後，當他不再是我的經紀人而只是朋友時，有個週末他來我們家做客，我在他床邊放了那本已經出版的書，心中暗暗得意。他有足夠的雅量一笑置之。

但是，假使我的寫作經紀人不願意吹噓，我知道有人願意。經過三年的組合式工作之後，伊麗莎白對我的生活感到絕望。我成天東奔西跑，在商務晚餐上講話，在公司訓練課程授課，偶爾寫篇文章，完全不剩任何時間去寫我本來計畫好的大書。我筋疲力竭，很少在家，更糟的是，賺的錢很少。麻煩出在，在我先前的生活中，我在宴會和課堂上做了不少免費的演講，只因為那是工作的一部分。我還沒意識到，假使你是獨立工作者，這些都可以收費。伊麗莎白打電話給我最近演講過的三個單位。「很抱歉，」她說：「不過教授忘了把費用帳單寄給你們。他提議收你們這麼多英鎊，加上其他必要開支，請問可以嗎？」答案總是可以。因此她很快就開始把價格提高。終於，我有了一個不怕吹噓的經紀人，而且她真心相信我的話值得聽。

## 自由很好，但為的是什麼？

即使如此，一開始的七年組合式生活過得並不輕鬆。我心裡記掛著三件大事。首先也是最緊要的，就是頭上要有一片屋頂，還要有些現金進帳；其次，要管理好我們生活上的空間和時間；最後的一點同樣重要，是兩個十來歲子女的教育計畫。但是我了解到，這些都比不上最根本的一個問題，我的工作重點現在要放在哪裡？自由很好，但是我的自由是為了什麼？這比較難回答。我正逐漸發現，要過自己的生活，這種自由的意義不只是建立自己的事業，還涉及認真思考我們生活的目標及優先次序，甚至包括如何最適當的安排我們身處的空間、如何恰到好處的分配我們的時間。突然間我察覺到，我得真的去實踐哲學了，得設法弄清楚我的生命是怎麼一回事，什麼最要緊，以及我要在何處與何時做這些要緊的事。我回顧過去，在殼牌的日子多幸運啊，有老闆幫我決定所有這些事情，直到有天我明白過來，自己無法跟隨他們設定的優先次序為止。當你被別人利用來達成他們的目的，而這些人並不一定受你敬重，這輩子不會有多少其他事情能讓你更難受了。

然而，即使你並不敬重他們，那些人還是存在我們周遭。我沒料想到，沒有同事的生活會是多麼孤獨。如果沒人可以跟你討論，工作就沒那麼好玩；假使沒人一起慶祝，成功似乎很空虛；要是身邊沒人給你安慰，失敗會變得加倍難受。有些新式的組合式工作者跟其他獨立人士共同組成鬆散的合夥關係，當一件工作需要額外技能時，就彼此合作。我這種寫作和輔導他人的工作太個人化了，不需要也無法吸引別人一起合作。還有人會共用辦公空間，至少他們可以在那裡一起喝咖啡，發牢騷埋怨稅務官員和會計師。我沒有能力負擔自己家以外的工作空間，而且老實說，一開始我很多東西都負擔不起。這有關係嗎？其實也不像我原先以為的那麼嚴重，因為我做的是自己選擇的事：以字來畫圖，做個鍛造文字的工匠。這聽起來要比整個早上坐在電腦前詩情畫意得多，但後者才是真實的寫照。我已經發現一個重要的真理，假如你夠重視自己正在從事的工作，那麼其他事情都不太重要。

## 財務很重要

但是，縱使我有那些崇高的哲學理念，頭幾年的獨立生涯還是錢最重要。向來如此，但在你不知道又很難預料錢將在何時來自何方的時候，更是如此。我發現，做自己的主人，不見得就表示你能夠掌控生活中最基本的元素：財務。我開始了解，一旦我成為員工，我其實是把所有時間賣給了組織。我成為自願的奴隸，儘管是個口袋擁有一些錢的奴隸。既然我的時間事先已經賣斷，假如同樣的時間能換到更多的錢（只要我能說服他們我值那個錢），當然很歡迎，畢竟多總是比少好。任何討價還價，爭的只是要加多少錢、我值不值這個價碼。而現在，既然我雇用的是自己，更多的錢通常意謂著要花更多的時間去做事。成本效益對獨立工作者來說，現在意義可能不一樣了。錢更多不一定是好事，假使占去太多時間，或是要做不喜歡的事情、待在不對的地方，甚至是去做可能有損道德的事。

金錢從來都不是成功的唯一標準，這不是新聞，奇怪的是有那麼多人仍舊表現得好像它是唯一的標準。對不少人來說，錢是達到目的的手段，讓家人過得更好、買到舒適生活的一個方式。然而，如果因為物欲，使人必須做自己憎恨的工作，那就可能成為浮士德的交易。另一方面，有的人決定要當牧師、護士或藝術家，跟從自己心中的召喚，得到極少的報酬。可能他們會為了一個理想而選擇幾乎無償的工作，像我姑姑那樣，她是醫藥專業的宣教士，將生命奉獻給印度比哈爾（Bihar）的窮人，有二十年的時間住在宣教機構的一個小房間裡，四面是一式的粉刷白牆，很早就去世，但到死都對自己的印度病人熱情奉獻。或許英文把金錢被稱為**compensation**[9]是有道理的，它補償了你，使你願意去做那些要不然

9 譯注：意思是「酬勞」，本義為「補償」。

毫無理由去做的事情。我還在殼牌公司時，有次放假回家，那時我的注意力大部分都放在自己的休閒玩樂，姑姑不能想像我怎麼能過著如此膚淺的生活，一心只為自己的享樂而活。

反省起來，當我展開組合式生活時，我再一次回到了自己的根。從小在愛爾蘭牧師宅邸長大，我覺得我們的生活很舒適愜意，但是家裡從來沒有閒錢。父親緊盯著財務，鼓勵我們把生日和耶誕節得到的禮金託付給他自辦的家庭銀行，他替我們每個人做了一張存摺卡，忠實記錄每一筆提存款項，但是沒有借錢那回事。母親每週得到一筆家用費，不過必須在每星期結束時，提交所有支出的詳細帳目。

她覺得這太繁瑣費事了，從來也記不得花多少錢買了什麼東西。有個星期我正好看到她在記帳，有一項數目相當不小，名目叫ＳＰＧ。我問她，我們的錢這麼少，為什麼她還拿那麼多給福音傳播會（Society for the Propagation of the Gospel）？「噓，」她說：「別說出去，ＳＰＧ代表『大概是吃的』（Something

Probably Grub）。」後來我聽說，那是我妹妹瑪格麗特的建議。我不知道父親有沒有猜出來，不過即使猜到了，他也從來沒說穿。

## 只要能力所及，永遠不當窮人

因為有過這種缺錢的日子，所以我暗下決心，只要能力所及，永遠不當窮人。請注意，我的雄心算不上很大。當初在一九五〇年代，我估計一年兩千英鎊很夠我用了，再加上一部賓利大陸汽車（Bentley Continental）就行。那個收入是殼牌這類公司起薪的五倍。今天石油公司支付大學畢業生的起薪，年薪約在三萬鎊之譜，所以我想，我的雄心換算成今天的價值會是十五萬鎊，這個數字仍然不可小覷。那是我決定加入殼牌的一個原因，不過我終究發現自己得到的報酬趕不上我在其他方面付出的代價。

想到我一開始對金錢的雄心，再看到後來我逐步走上薪水年年遞減的路途，從石油公司進入學術生涯，然後到教會工作，在那裡我的薪資要低於官方的貧窮標準，到了最後，還跨進朝不保夕的自由業，豈不令人匪夷所思？我已經明白，自己不曾如己所願，完完全全的逃脫牧師宅邸的陰影。父親收到的錢叫津貼，不是薪資，兩者的區分很重要。津貼的目的是夠你溫飽，使你能去從事受召的工作，它的目的不是估量你的價值。我父親對為錢而做事（甚至錢只是部分因素）這種觀念完全陌生，他相信，你應該去做你覺得自己理應從事的工作，不計酬勞。至於錢，只能期待它夠用，假使不夠用就縮衣節食。他永遠也不會想到要出去賺更多錢，所以我們沒有閒錢可用。他也拒絕借貸，在他眼中，賒欠幾乎跟通姦一樣不可取，所以在我還是學生的時候，當他知道我說服銀行（當然也是他的銀行）讓我預支時，他極為煩惱。

令我驚奇的是，如今我與他相像的程度完全超過我的想像。但是，我還是擁有另一個部分，那個部分摒棄牧師生活的世界。我喜歡花錢買年輕時家裡沒錢買的東西：到餐館用餐、到劇院看戲、搭計程車、買鮮花和酒，那些都是不必要的東西。這時我不安的想起蘇格蘭的智者亞當斯密（Adam Smith），他觀察道，經濟成長明顯是件好事，因為每個人的生活都變得比較容易，然而成長太多、太久，後果會是多出各式各樣不必要的東西。看著今天城市裡的購物中心，我不禁覺得他是對的。可是，我接著問自己，難道這不是錢的用途嗎？去買我們希望能充實生活的東西，即使其中有些東西嚴格說來並不必要？我們哪有資格告訴別人什麼是必要，什麼是錦上添花、只會增加更多不必要的包裝弄髒街道破壞環境？那些不必要的東西豈不是正在提供許多人就業機會，有些甚至是第三世界迫切需要的工作機會？何況，加值稅（VAT）已經添加在非必需品之上，而食物類的必需品得到豁免，所以，非必需品賣得更多，稅收就更高，可以用來為國家購買其他必備物資。貪婪、嫉妒、暴食，對經濟學家來說並非罪孽，而是繁榮的基礎。

## 財產只是測量商業頭腦的一把尺

另一位經濟學智者凱因斯（John Keynes）說得好，只有當我們變富有之後，才能「重新視目的重於手段，寧取善、不取實用，然而那個時代尚未到來……貪欲、放高利、提防之心被我們奉若神明的日子還不能結束。因為它們可以領著我們走出經濟需要的黑暗隧道，進入白晝的光明。」但是，凱因斯指的富有是多富有？瀏覽任何報紙的商業版都不難讀到，我們本土出產的企業大亨有好幾個去年已經拿了超過四、五百萬英鎊回家。其中有些人甚至在被開除時，也帶走幾乎一樣多的錢。那還只是英國而已。在美國，他們能賺到英國的十倍。我想知道，他們的錢都怎麼用？為什麼需要那麼多錢？他們賺得比一起工作的人多了那麼多，公平嗎？醫生、教師、警察做的工作一樣有價值，賺的錢卻遠不如他們，公平嗎？

那些企業界的大人物，幾乎可以肯定是沒有辦法花光所有的錢。他們沒時間、也極可能沒那個興致去買房子、遊艇或古老的油畫。我有時候想，不如在報上登個廣告說他們有多富有，或是拿《泰晤士報週日版》（*Sunday Times*）的富人排行榜給他們的朋友看看，可能更簡單一點。全世界財富僅次於比爾蓋茲（Bill Gates）第二有錢的人巴菲特（Warren Buffet）生活簡單，花的錢不多。他的財產只是測量他的商業頭腦的一把尺。「錢跟著工作而來，」這種人說：「我沒去追求，也不去想它。」如果你是醫生，成功的量尺是治癒的病人有多少；教師的量尺是進步的學生有多少；如果你在企業界，那麼成功的量尺就是你賺的錢有多少。那是區分高下的方式。

他們可以把財富捐出去，而且這麼做的人愈來愈多。有些人像巴菲特那樣，等到死後才捐錢，基金會將成為主要繼承人。[10]其他人則像蓋茲那樣，等不及在死後才做慈善事業，而在生前就慷慨捐輸。愈來愈多的年輕百萬富豪對於自己選

10 譯注：巴菲特於二〇〇六年六月宣布，將八五%的公司股票逐年捐給五個慈善團體，改變過去屢次聲明死後遺贈的做法。韓第的寫作比巴菲特宣布的時間還早。

定的慈善目標，不但給錢，也投入時間。這些新式慈善家想在今天就使世界改變的願望，更甚於他們賺錢的欲望。他們擁有的財富早就超出足夠之用，他們想要看到自己多餘的錢能做些有用的事。這些人讓財富得到敬重。他們為資本主義那些明目張膽的奢華做了些許救贖，而且很可能建立起流行之風。在英國和美國已經都有捐贈排行榜，可以平衡財富排行榜。

## 更多錢不一定能增加快樂

然而我們多數人沒有這種機會。我們幹自己的活，錢如果能多一點，那敢情好，謝了。「笨蛋，問題在經濟！」每個政客千篇一律這麼說，他們相信錢愈多，大家就愈快樂，只不過實情似乎不然。關於快樂的研究，不管在那個社會，得到的結論都很一致。在每人每年平均收入低於一萬美元的社會裡，根據標準問卷的回答來看，似乎是錢愈多，人愈快樂。然而在超過這個收入標準的社會，更多錢並不能增加快樂。我們這裡說的是平均數字，適用於整體人口，因此對於一般領薪水的員工來說，數字可能必須加倍，才能碰到他們的快樂門檻（threshold）。可是擺在眼前不變的事實是，超過某個程度後，錢再多也不會令人更開心。這是有點道理；一旦收入足以滿足基本需求，還有什麼理由去追求更多的收入，去買更多不必要的東西？對獨立工作者而言，尤其如此。

但是經濟學家會說，儘管有相反的證據，但是讓大家繼續相信擁有愈多的人愈快樂，仍然很重要，因為除非有更多人繼續花更多的錢，否則經濟就不會成長，公共服務的資金來源就會減少，較窮的工人就業和收入便會降低，包括開發中國家的工人。你可以這麼說，花錢超過自己的必要開銷，或超過自己想花的錢，就是我們的社會責任。怪吧。

## 在找到金錢上「足夠」的定義之前，永遠不會有真正的自由

在個人層次上，如果按照亞里斯多德關於「足夠」的學說去做，日子會簡單得多。在我們找到自己在金錢上「足夠」的定義之前，永遠不會有真正的自由，而這個自由指的是能夠去追求自己人生真正目的的自由。除非如此，否則我們會自願繼續當老闆或職業的奴隸，繼續亦步亦趨跟著他人心目中的優先次序。

不過，安於「足夠」的意思是，我們必須放棄金錢的其他用途。錢不再是成功的象徵，不再能用來定義自我，也不再能拿它當藉口或補償、不去過自己真正想過的生活。我們必須打開心胸，誠實面對自己真正看重的東西，面對我們希望如何定義自己、希望他人如何看待自己。在我嘗試過之後，我可以打包票，做到那一步所需要的誠實會令人耳目一新，縱使我們有些朋友因而感到驚訝或困擾，並希望這不會成為某種時尚。

每年九月，大約三萬五千人聚集在美國內華達沙漠，參與長達一週的火燒人

（Burning Man）慶典。他們來到一個無商業地帶，體驗禮物經濟（gift economy）。這個無商業地帶是慶典主辦人賴瑞．哈維（Larry Harvey）創設的。在這個星期裡，所有拿出來分享的東西一律免費。大家來這裡，免費提供服務和物品。你可以在早上四點吃到起司通心粉，得到按摩，獲得心靈治療，或是在酒吧喝杯啤酒，卻一塊錢都不必出。哈維說，這是對現代社會過度豐裕的反動，也是重新定義價值真義的一個小小嘗試。

全面的禮物經濟可能維持不了一週，但是當大家感受到「足夠」已經很多、「更多」是無謂的追求時，植基於「足夠」的經濟或許能成為風氣。世界會成為一個更多樣、更誠實的地方。不過如果是這樣，會有經濟學家找上門來，他們會擔心需求若是太低，如何能創造可轉化為工作和稅收的供給？我的折衷辦法是，敦促我們這些處於「第三齡」（Third Age）、人生已超過事業和家庭兩階段的人，去實行「足夠」的學說。原因是，年紀愈大，愈容易弄清楚多少是「足夠」，這時比較不需要去為未來的不時之需做好儲備，同時仍然有些時間去做我們認為這一生該做的事情。而且在這個階段，我們的消費和收入降低，不會嚴重到造成第三世界的貧窮問題。我們立的這個榜樣，或許可稍稍打擊金錢對現代世界的暴虐統治，或許可給那些覺得逃不出金錢掌控的人一些希望。甚至或許也能夠挑戰經濟學家，敦促他們找到一條出路，突破金錢製造的惡性循環。

## 使世界為我所用，而非我為世界所用

我終於從那些循環脫身，感覺很愉快，可是關於「足夠」我還是有問題。每年我和伊麗莎白都要坐下來弄清楚我們需要什麼，以及我們預期的進帳。身為悲觀主義者，我向來低估可能的收入，然後會接下超過實際所需的工作量，這有點矯枉過正。自從離開溫莎，現在已經過了二十年，我們的日子過得比實際需求舒適得多，我可不打算抱怨。錢很好，只要它不是生活中最重要的事即可。當我開始計畫新生活時，由於我打算當個作家，我所面對真正急迫的問題是，應該寫什麼東西。

按照我那時給自己的社會哲學家定位，我感到自己應該關切正在浮現的新社會中的實際議題。我覺得切身的問題，未來也會有愈來愈多人會關心。我們生活的各個層面必然都會出現更多選擇。不過，那並不意味選擇起來會更容易。面對超級市場成排的早餐麥片，我們大多數人會直接抓起熟悉的盒子就走。在人生的新超級市場裡，怎麼過活、要做什麼，有大量的選擇，我們可能猶豫不決，或是再一次直接抓起熟悉的舊日生活和習慣，而我們本來明明有機會去質問、搜尋，設法使世界為我所用，而非我為世界所用。然而，除非你有個標準，有個分辨好壞的辦法，否則無法在所有麥片之間做出選擇。沒有一個標準，選擇只會增加壓力。這就是我希望、也相信哲學能提供助力的地方。我對自己說，這就是我的新角色；可是，首先我得把這套哲學用在自己身上；我應當怎麼選擇，已經迫在眉睫了。

# 第十二章 有產階級

現金和遮風避雨的屋頂是生活必需，而擴大來看，房地產和金融是資本主義的燃料。我教書的商學院傾力研究這兩門學問，而當我思索後溫莎時期的日子該怎麼過時，我的生活也特別急需這兩種必備的燃料。

我想，年輕時我一定把有地方住看成理所當然。它就在那裡，我的家，用不著問怎麼來的。對故鄉盎格魯愛爾蘭鄉紳階級來說，家產多、收入少是傳統，屋頂有好幾片，卻沒有多少現金去堵住漏雨的破洞。我記得很清楚，有回我在一幢美輪美奐、但開始凋敝的喬治亞式大宅吃飯，底下坐著的是個倒放的橙色箱子，因為所有椅子都壞了。我家甚至連一棟凋敝的大宅都沒有，牧師宅邸屬於教會的財產。伊麗莎白的家庭同樣沒有家產，而且還因此自豪。

「借錢給你買房子？當然不要。什麼房地產？我從來不碰。別信那個，風險太大了。」這是我老丈人的答覆，那時我們剛訂婚，想在塞浦路斯的凱里尼亞（Kyrenia）買個小小的房子，因此向岳父大人借錢。四年後，土耳其進攻北塞浦路斯，改變了一切，所以或許在這一點上岳父沒說錯。但是大致而言，他的本性不贊成把錢套牢在大型的固定資產上。他沒有這個需要，他的雇主是皇家陸軍，把他調往世界各地為女王陛下效忠時，會供應他住宿。而我的父親從小到大，以及後來工作一輩子，也都住在教會配給的宿舍，就在他和他父親做禮拜的教堂旁。

接下來就是我了；我在放棄殼牌的庇蔭時，也沒想到要買房子。當時殼牌也提供宿舍，連回到英國都有宿舍。租房子似乎更划得來，何況我想，這樣我不會被綁死在一個地方。我們一時興起要在塞浦路斯置產、遭到岳父的鄙視時，我自己就先氣短了，哪裡辯得過他。因此，當我們在南倫敦找到一間租金受到管制的大間公寓、每週租金固定為十三英鎊，還有個大庭院時，我簡直不敢相信自己的運氣。我們住了十二年，租金一直沒變。身為貧窮的學者，我對這項支出之低感到很高興。

## 我成了房地產資本家

伊麗莎白就不同了。她從小每兩年就得跟著父母搬家，跑遍全世界，以致於她渴望有個屬於自己的地方。她似乎下定決心要證明父親是錯的。她成功了。用不著我幫忙，也沒有我的鼓勵，她在北倫敦以貸款買下一間小小的閣樓公寓，布置了家具，一週內就租出去，租金用來付所有支出還有剩餘。六年後她賣掉那間公寓，價值是原來的五倍。我終於懂了。因此，有天早上她出門，以低得不能再低的價格買下一幢搖搖欲墜的鄉間空屋，當作我們的週末度假住處時，我怎麼能反對？

她終於可以說自己有一塊真正的土地了，不過我有些擔憂。我知道必須花好幾千英鎊才能讓這間房子可以住人。有兩年時間，我根本拒絕去看那棟房子。幾年後，我們的房東有急需，問我們願不願意以一萬英鎊的優惠價格買下我們住的公寓，我知道接受這個賣價是明智的，特別是岳父剛去世，他的遺產剛好可以用來付這個錢。突然間，四十五歲的我是兩筆房地產的共同擁有人。接著命運又讓我接受溫莎城堡的工作，住進學監的宿舍。於是我又回到自己所認識的房地產世界，開銷與責任都有他人承擔。

因此，離開溫莎城堡六年後，當一個建商開價九十五萬英鎊要買我們的倫敦公寓時，試想一下我的驚喜，以及其中摻雜對自己所持信念的愧疚與困惑。我們當初付出的一萬英鎊，再加上這段期間我們裝修的成本，竟然在十年間往上翻了將近一百倍。現在，我真的成了房地產資本家，我可從來沒有認為自己會有這樣的形象。但是，房地產這個東西太迷人了。在等待互換合約的期間，我們在倫敦的諾丁丘（Notting Hill）看中一棟堅固的好房子，出了價。然後，還剩下二十五萬英鎊。我們給星期天報紙刊登的一則廣告打了電話，打算加入一群人，一起開發托斯卡尼一個倒閉的農莊。結婚二十五週年時，我們去了托斯卡尼，被看到的美麗景觀震懾住，當場簽了約。

回到倫敦，正好趕上一九八七年十月那個命定的週末。前一個星期五晚上英格蘭東南部被颶風掃過，森林倒伏，危屋夷平。週一，股票因為和颶風不相關的原因大崩盤。我們的建商倒閉，我們出售公寓的合約取消。我們收回對諾丁丘那棟好房子的出價，但決心守住對義大利那間房子的承諾。這時，我真的能體會岳父的心情，可惜他已不在人間，沒法對我們說：「看吧，不聽老人言。」在那個時候，我們已經取得三棟房產，簡直是個意外。當這麼多人無家可歸時，我們卻有這些房產，似乎很沒良心，儘管實際上也沒犯法。

我一直記得十九世紀無政府主義者皮耶．約瑟夫．蒲魯東（Pierre-Joseph Proudhon）的宣言：擁有房產是偷竊。我有個朋友是蘇格蘭的地主，有次駕車帶非洲的訪客去他家。開到某個轉角，他說，現在眼前看到的所有土地，都屬於他的家族。

「什麼？連山都是嗎？」訪客問。

「是啊。」

「可是，你怎麼能擁有山呢？」非洲人驚異道。

好問題，這是這些年來一直讓我心煩的問題。伊麗莎白沒有我這種罪惡感。她相信所有權是好的，因為假使你擁有某個東西，你就會照顧它、投資它，你有誘因去開發它。那是真的，我們在租用倫敦公寓的那些年裡，一點也沒花錢在房子上，因為公寓不是我們的。有了所有權之後，我們重新配置電線，更換水管，重新粉刷，差不多整個翻修了一次。在英國，當柴契爾政府開始出售市民住宅給原本租屋的房客時，新的門廊、籬笆、雙層玻璃如火如荼的出現，反映出新主人的自豪，以及他們想要好好運用新房屋的意願。

我們的確會鍾愛自己的房產，但通常為的是自身利益或愉悅，而忽略對他人的影響。要是沒有都市計畫的規定，我們不會注意鄰居關切的事項。在我們國家的某些地區，要有當地政府許可，才能砍伐自己栽植的樹木，因為樹木現在不只屬於栽植者，也屬於更大的社區。英國工黨政府覺得應該通過法案，給予公眾在農業用地的「遊走權」（right to roam），雖然傳統上農地完全屬於農人，農人認為自己有絕對的所有權。過去，未經主人的允許進入農地，在英國會被認為是侵入私人財產。遊走權法案默認土地除了屬於地主、也屬於國家的觀念。換句話說，所有權的責任超出我們本身直接的利益，然而當我們窩在自己的私人天地裡，很容易忘記或忽略這點。

我戴著這頂社會哲學家的帽子，提出我的主張：當涉及的是企業的所有權時，本質上並無不同。所有權可以激起擁有人的雄心與幹勁，但所有權仍是自私的。假使要尊重每一方的利益，話說得再好聽、出發點再好，都還不夠。我們需要法律，現在、將來都需要。企業社會責任的主張是只打雷、不下雨。當時局艱難，好心腸就得收在一邊。

資本主義在全世界不少地方受到攻擊，包括我們社會的某些產業。資本主義被視為剝削弱者、自私、不關心他人。一項調查指出，八九%的英國人覺得經理人只顧自己的利益。另一個調查報告說，九五%的就業人口不信任公司的執行長。付給高階主管的巨額報酬或許是值得的，但是疑慮仍然存在，這些主管可能是在自肥，他們交叉擔任各個公司在名義上獨立的薪資委員會成員，可能私相授受，互相為對方訂定條件豐厚的合約，假使工作失敗或被迫辭職，他們仍能取得巨額的離職金。

到底哪裡出了問題？要怪罪最上面的人很容易。凱因斯曾說：「資本主義是個驚人的信念，它認為最壞的人會幹盡壞事，來成就對每個人來說最大的好處。」凱因斯是誇張了。個人的貪欲或許是有的，也可能對公司交易缺乏足夠的監督，對公眾意見不夠敏感或充滿冷漠，這些罪狀都能拿來控訴某些企業領袖，不過，好在有意舞弊或幹壞事的領導人並不多。他們最糟糕的情況也不過是按照新的遊戲規則在互相競逐罷了。是那些新規定，或說得確切點，是那些新的目標，把資本主義給扭曲了。

## 股票選擇權扭曲企業文化

股票選擇權（stock option）是這個股市資本主義最新的寵兒，它必須承擔一大部分的罪名。一九八〇年的主管薪酬，只有大約二%跟股票選擇權息息相關，如今在美國，一般認為主管薪酬有超過六〇%跟選擇權緊密相連。很自然的，這些主管希望儘早實現他們的選擇權，因此熱中於在短期內拱高股價，而不願意等後繼者完成這個任務。在歐洲，自從有愈來愈多公司上市，選擇權也出現流行風潮。然而，對許多人而言，價值大幅低估的選擇權只是容許主管以另一種方式竊取公司和股東的利益。在股市資本主義下，主管薪水之高會令我們訝異的挑高眉毛，有時是出於嫉妒，更多時候是出於義憤。

這不僅是個人道德低落的問題，也不僅是某些胡作非為的公司騙個十億元的問題。我關切的是，整個企業界的文化可能已經扭曲。那是使美國一整個世代興奮不已的文化，主張市場為王，股東永遠優先，商業是領導進步的關鍵驅動力，基於此，商業需求在任何政府決策中，都應該勝過其他考量。那是個讓人陶醉的學說，以成本第一的教條簡化了生活，在柴契爾夫人的年代，它感染了英國，很自然的復興了創業精神，但是其流風所及，也使文明社會衰退，並使非商業的醫療、教育、運輸等方面本該獲得的注意力和資金遭到侵蝕。忽視這些方面的後果現在已經出現，而且陰魂不散的困擾著後來上台的歷屆政府。

資本主義基本教義派或許光芒已經黯淡，但是今天迫切的問題是，如何保持舊模式所創造的能量，同時去其缺失。更好、更嚴格的法規應該有所助益。公司治理（corporate governance）現在已經得到所有相關人士的重視，責任歸屬與罰責已有明確規定，職司查核的單位也已建立。不過，這只是拿塊OK繃貼在裂開的傷口，對深入企業文化核心的痼疾於事無補。企業文化核心的中心問題就是：「公司是為誰、為何而存在？」假如每個資產所有人希望名下產業不斷發揮作用的話，就必須面對這個問題。

## 股東真的是公司的主人嗎？

上市公司有一個明確而重要的目的，就是必須滿足股東（理論上的主人）的期望。但是，股東真的是公司的主人嗎？稱他們大多數人為投資者，或許更符合實際，甚至可以稱他們為賭徒。股東毫無企業主的榮譽感或責任心，假使這些人肯說老實話，那麼他們其實為的全是錢。然而，將需要說成是目的，就犯了邏輯混淆的毛病，誤以為必要條件是充分條件。我們需要吃，才能活，食物是維生的必要條件。但是假使我們活著主要是為了吃，使食物成了充分目的，乃至於生存的唯一目的，那麼我們將活得多麼不堪。換言之，公司的目的不是為了賺錢。就這一句話。公司賺錢的目的是為了做更多或更好的事。至於是什麼事，那才是界定公司存在的真正理由。公司的主人知道這點，而投資者卻不需要關心。他們只急著拿到自己那份利得。

對很多人來說，這聽來是文字上的計較，其實不然。這是道德問題。誤認手段為目的，就成了完全自我取向，聖奧古斯丁稱之為最大的一項原罪。歸根結柢，對資本主義的懷疑來自於大家感到它的工具（私有企業）在這個意義上是不道德的：除了企業自身的存在，企業別無目的。很多公司或許認為這樣說很不公平，但它們是被自己冠冕堂皇的說詞和行為給騙了。去問問任何組織：「假使這個組織不存在，我們會不會創設一個這樣的組織？」這個問答練習很有用處。只有當組織做的事比別人有用，做得比別人好，或是做得跟別人不一樣時，答案才會是肯定的，才能以利潤為手段去達成目的。英國石油公司（BP）董事長約翰．布朗（John Browne）在為公司二〇〇四年的超額收益辯護時說，合作共享（mutuality）是優質企業的標記，而一個優質企業若能賺錢，所有相關的人都能受益，包括顧客、員工、收稅的政府、環境，還有，沒錯，股東。我可以贊同這個說法，前提是利益的分配是均衡的。合作共享在商業界歷史悠久，但通常有這種做法的組織都是由會員共有的組織，會員指的是顧客。一個例子是英國的建築合作社，他們曾是長期以來提供中等收入者房屋貸款最主要的來源。合作組織存在的唯一目的是服務會員。近年來很多這類合作社決定將會員變為投資者，我認為很不幸，他們貪婪的行為跟其他投資者毫無分別，他們關切的純粹是自己的獲利。像VISA或網際網路這類的組織，在規模上要大得多，而本質上屬於合作共享性質，存在的唯一目的是服務會員。布朗以「合作共享」來形容一個大企業，是將這個詞做了很有意思、也很有用的延伸，說不定哪天會蔚為風潮。

二〇〇五年夏天，英國立法承認一種新的組織實體，或許也會開始改變我們對企業的觀念。新組織實體叫做社區利益公司（Community Interest Company），簡稱CIC。CIC讓社會事業可以擁有或使用公有的產業，如學校、養老院、游泳池等，但是要保證這些資產設備將永遠因為公眾利益而使用。CIC可以宣布配息給公司以外的投資人，現在還討論股票交換的想法，要讓投資者交易自己擁有的股份。社會事業其實是英國最不為人知的祕密之一，每年對經濟的貢獻達到一百八十億英鎊，雇用七十萬員工，其中有二十萬人是義工，《大誌雜誌》（*Big Issue*）、格林威治休憩有限公司（Greenwich Leisure Limited）都是其中一員。《大誌雜誌》雇用無家可歸的遊民在街上販賣這份刊物，格林威治則買下倫敦某區一家虧損的運動和休憩中心，將之轉虧為盈，收入和顧客都增加，而且擴大營運，現在公司在英國首都經營的休憩中心比任何公司都多。哈克尼社區運輸公司（Hackney Community Transport）是另一家社會事業，他們在倫敦公共汽車顧客滿意度方面持續維持頂尖，不斷把主流經營對手的生意搶到自己手中。社會事業將目的置於盈餘之上，而且也明白獲利對生存和成長是不可或缺的條件，就他們的觀點來說，獲利是為了要達到未來目的，而在現階段所需付出的代價。或許有朝一日，傳統的企業會開始以同樣的方式看待事情。

## 員工是企業最有價值的資產

此時我們最多只能使企業主表現得像個負責的企業主。不過，就未來而言，以法律規定企業主的責任可能還不夠。企業跟房屋、土地的一大區別在於：企業多半由人組成，而一般的感覺是，人不應當被別人所擁有。若說股東在實質上「擁有」員工，似乎把論點延伸得太過火，但是，員工確實是企業最有價值的資產，即使在帳目上他們仍然被歸為成本。如果出錢的人能擁有實體的資產，那麼他們也能擁有包含人在內的資產，似乎很合邏輯。但由於這樣會違反人權，因此隨著時間推移，法律設立了行使所有權的各種限制；可是，將組織的居民從組織的社群裡驅逐出去的絕對權力依然存在。有錢人還是財產的擁有者。

窺視未來，公司所有人任意而行的自由，可能將愈發受到國家的約束（國家是從社會多數的權益出發），一如現在政府正在約束房屋和土地所有人的權力一樣。股東的權力也正從內部遭到削弱。股票選擇權和巨額紅利可能掠奪股東的資本，並扭曲企業的正當目標。不過大家事實上已經承認，油水應該多分一些給實際付出勞力的人。股東不再能決定一切。

愈來愈多具有遠見的公司開始將顧客和員工放到優先事項之首，僅次於對社會應盡的義務。嬌生公司（Johnson & Johnson）就是一個例子；他們將這個原則放入廣為人知的公司信條（或稱之為價值主張）之中。本來這樣做的公司很少，現在卻開始出現跟進者。這些公司明白，出資者應該獲得投資應得的一份公平收益，並向出資者保證，在其他優先事項都辦到的情況下，有可能獲得更可觀的收益。公司的存在是為了替所謂的企業主賺錢，這種舊式觀念正慢慢退流行。更合適的態度是，企業為社會服務，而股東只是社會的一部分，而且不見得占主要部分。

我想得愈多，就愈懷疑所有權的用語在現代社會中是否正確。公司是一個社群，按照字源解釋，company就是一幫夥伴。公司不是一項財產，特別是今天，許多公司本身不再擁有實質的建築或設備，甚至可能完全是虛擬的存在。公司這個社群就像村落。在某些罕見的例子裡，村落實體是可以被外人所擁有，但是村民從來不會被人擁有。社群有成員，有應盡的義務，包括償還貸款，以及按時付給投資者利潤，社群可以擁有建築或其他東西，但沒有人擁有社群。而所有跟社群相關的人，多半是靠雙方承認的契約，訂好各自的權利和責任。

有人可能會說（有人確實曾經這麼說），我是在玩文字遊戲，在實際作業上毫無差別，這點我不同意。語言很重要。假使我們不再擁有土地或公司，只是經由社會、社會的成員和未來世代的信託而持有它們，那麼或許我們有一線希望可以開始不一樣的思考，比較不自私，比較不短線操作，比較能顧慮他人。

我們需要資本主義。就連馬克思都了解，資本主義是帶動社會成長的引擎，可使所有人受益。他擔心的是誰做引擎的主人。他主張，如果工人不是生產手段的主人，社會就不會公正。現在多數工人已經是主人了，只不過，如今那些生產手段是工人本身，是他們的技能、才幹、經驗和知識。那些才是稀有的資源，錢並不稀有，現在滿地是錢等人來妥善使用。馬克思是對的，雖然他的本意並非如此。我們需要把更大的權力交給那些賺錢的人和住在房子裡的人，至於出錢的人，則要少給一點，他們相當於房貸提供者。第一步是改變語言，只有等到語言變了，才能開始調整制度。然後，或許，只是或許，企業會開始被大家視為社會前途的受託人，而這一點，它們之中的佼佼者已經做到了。

# 第十三章

# 廚房和書房

我們在倫敦的寓所前前後後住了四十年。那段期間，廚房一共搬過七個不同的地方，那要比搬家省錢。好在每個房間的面積都不小，很容易改變用途。最早搬進去的時候，我們接手的廚房是在地下室，雖然對有僕人的家庭來說，捧著食物上下樓梯不是問題，但對我們來說就太累了，何況我們不怎麼愛把一半的時間花在昏暗的地下室裡。

因此廚房搬了上來，移到樓梯下面的狹長空間。接著孩子來報到了。我們想過家居式的生活，於是把客房改成家居廚房，大小事情都在那裡進行。八年後，我們移居溫莎城堡四年，公寓租給一對外交官夫婦，他們需要把起居室的空間改成豪華的餐廳，所以廚房又搬了，這次變成高效率、流線型的長條型廚房。等我們搬回來後，我們把車庫改建為廚房，正屋才有空間安置兩間書房，因為現在我們兩人都在家工作。最後，我們拆掉車庫，沿著房子的側面重新蓋了一間現代的起居室兼廚房。而在改建的同時，我們不得不在一間臥室裡設置一個暫時的廚房。算一算，總共有過七間廚房。

## 讓空間配合我們的需要，而非去遷就空間

細節並不重要；連我們的孩子都記不得上兩次搬動前廚房在什麼地方。但是原則很重要。我們下定決心，要使空間配合我們的需要，而非我們去遷就空間。我們總是覺得很奇怪，不少朋友買了老房子加以整修，卻依然習慣住在從前的僕役房，而前屋的大廳則保留給正式場合，或像個冰冷的倉庫，收藏最漂亮的幾件家具。這些房子是蓋給我們之前幾輩人住的，主人住在屋子前面，僕役住在廚房。如今，同住的傭人已經不存在，因此我們的朋友就住在屋子後面的傭人房，採光差，房間面北，窗外沒有什麼景致可言。可是廚房在那裡，而廚房是今天多數人待得最久的地方，大家在那裡休息，喝茶、吃飯。

在牧師宅邸長大的日子，我們每一餐都在餐廳吃，連早餐都是。廚房是用來煮飯和洗碗的，那是女僕的領域，我不記得自己在那裡坐過。客廳則只在禮拜天使用。我們晚上擠在父親書房的壁爐周圍，經常妨礙他準備講道詞。簡單的說，

當時的房間各有特定用途：餐廳是吃飯用的，廚房是煮飯用的。可是，現在不知道那幢房子有什麼變化。目前的住客是個單身漢，而雇用女僕的日子早已不再。我猜想房間還是老樣子，只是大多冷清清、沒人使用，而他跟所有人一樣坐在廚房裡，而且真的有一扇窗子面北，看出去是放煤塊的小棚跟後院。

我們家也一樣，不只在廚房吃飯，還在廚房生活。不過，現在這是全家最美最亮的房間，除了有地方做菜，也有地方用餐、休息。更真實的說，它不光是廚房，還是起居室，也是我們這個小小家庭社區的心臟。我們很幸運能辦到這點，能擁有這些房間，而且還有改建的資金。然而，很多人是設法讓自己的生活去適應空間，而非讓空間適應生活。當然，他們往往沒有選擇的餘地。現代房屋不一定留有餘地給人改動。空間的設計是按照房地產建商認為大家想住的方式而決定的，而如今的潮流很可能跟我們家相同，是將餐廳和起居室合併為一，因此建商強迫住戶生活得跟我們一樣，不管他們喜不喜歡。令人憂心的是，不少人樂於接受建商的生活品味，而不去要求更大的彈性，使空間能配合自己想要的居住形式。

我認為煙囪要負最大的責任。在還沒有煙囪的時代，主人與僕人，大人和小孩，每個人都在大廳裡，圍著屋頂一個洞口下方唯一的火爐取暖。然後煙囪出現了，房間因此可以各有火爐，於是輩分和社會階層首次出現分隔。今天，我們有中央冷暖空調系統，其實更適當的稱呼應該是「去中央化」的空調系統，因為屋內每個房間都能同時得到暖氣。要是每個房間再放個微波爐、電視機，那麼一整天都不需要跟別人說話了，更別提一起吃飯。

不少人寧可如此。但是穀倉和LOFT[11]逐漸風行，顯示至少有些人想要回到過去那種共享空間的形式，或是想對個人空間的設計有更多的自主性。我們家維多利亞式公寓容許的多變化性，跟穀倉不相上下。廚房的變遷史更鼓勵我們去思考，隨著生活的改變和發展、工作形式的演變，以及孩子的成長與搬出，應該

11　譯注：LOFT原指廠房上部的空間。這裡指由類似的商業建築改成的現代公寓，由於屋頂很高，一般從上面隔出部分空間作為臥室，其餘開放空間則兼工作、起居、烹調等多種用途。

如何調整現有的空間去適應生活。

## 組織也開始從過時建築裡解放出來

我們的公寓本來那兩間有模有樣的前廳，現在已變成我們的私人書房，任何訪客都不能越雷池一步，連家人也不行。那是因為我們兩人都在家工作，除了廚房的共享空間之外，還需要各自的獨立空間。我們的書房最好像樣點，如果得犧牲有模有樣的待客地方或正式用餐的空間，也只好如此。家居使用空間的早期傳統描述：會客室、起居間、餐廳，不再合乎多數人過日子的方式，尤其是現在有更多的人至少有部分工作是在家裡進行。工作空間局限在餐廳的一角，而餐廳很少拿來用餐，似乎不合邏輯，也缺乏效率。檔案要擺哪裡？偶爾餐桌需要用來吃飯時，是不是就得收起電腦，放到別的地方？

組織也已經開始把自己從監牢般的過時建築裡解放出來。第一步是把建築物從損益平衡表剔除，賣給不動產公司，然後再租回使用。這樣，錢就能釋出，可以投資在跟生意更直接相關的地方。當我還在殼牌時，公司裡有人算過，殼牌是英國擁有物產最多的公司，因為在辦公室和煉油廠之外，它還有那麼多加油站。有太多企業將太多資金套牢在建築物上，而非放在生意營運上；有形的財產仍是帳目上的重要項目，儘管那些在建築物裡工作的個人，才是公司財富的關鍵。

然後大家才開始覺悟，辦公室是筆很大的固定成本，而且至少有一半時間無人使用。一座化工廠每天要運轉二十四小時，醫院也是。但是，典型的辦公室每天最多開放十二小時，週末又經常關閉，甚至在那開放的十二小時中，往往也沒有充分運用。我記得有次參觀一棟新型的時髦辦公大樓，我讚嘆其建築外觀與內部設計，但卻忍不住注意到，超過半數的桌子和房間沒有人在。「人都到哪裡去了？」我問。

我得到的答案是：「他們在外面見客戶，拜訪供應商，尋找靈感，跟政府機關打交道，其實都在工作。」換做今天，他們也可能在家裡做部分工作。

「似乎有不少空間被浪費了，」我說。

「也不盡然，」他們回答，「他們每個人都需要自己的一小塊空間，可以當成家一樣。」真不錯，我自忖，但是很昂貴。的確，有些住家外面的家布置得比任何人的家都奢侈，設備更豪華。難怪有些人寧可待在辦公室，而不想待在家裡的廚房。但是，真有那個需要嗎？還是他們住在一個過時的世界裡，把一個現代組織安在一個老式空間裡？

## 開放辦公桌政策

我想到自己認識的老師、演員和音樂家，想到水電工、計程車司機和餐館侍者，想到園丁、四處旅行的推銷員和職業運動員，甚至我想到我父親，一個牧師，所有這些人都在客戶眼前工作。他們沒有坐落於建築物內的私人空間，教師或許在公用辦公室裡有個咖啡杯，演員則和人共用一間化妝間，但是不會有個人的角落能掛家人的大頭照。他們都有文件要處理，不過他們都回家去做，或在車上做。假使現代企業的高階主管有那麼多工作是跟人會面，那麼說不定可以省下他們的私人辦公空間。

類似的想法促成某些辦公場所的「開放辦公桌」（hot-desking）政策。員工把個人物品存放在儲物櫃，一進辦公室就找張空桌子，接上自己的電腦，只要跟接待員說聲自己人在哪裡就可以開始辦公。針對傳統辦公室空間的浪費，這是合理的對策，可以讓辦公建築的大小劇降。但並非所有人都會滿意，不少人視失去私人空間是一種侮辱。然而，由於組織紛紛開始分散化與虛擬化，某種形式的空間多變性勢必難以抵擋。在多數組織中，完成一件工作不再需要所有人同個時間在同個地方出現。但是，我們的辦公室設計有不少彷彿仍以此為必要條件。就跟住家一樣，我們把自己監禁在上一代的空間裡。

未來的辦公室往往會更接近傳統的城市俱樂部。俱樂部的使用以會員為限，但是會員沒有私人空間。少數幾間私人辦公室都留給必須經常在那裡的人，像是俱樂部的高階負責人，而且那些房間通常藏在很裡面。所有主要房間都有專屬用途，用餐、閱讀、開會或娛樂，但是除非接到預定將某些空間保留給臨時的私人用途，所有房間都開放給會員及其帶來的客人。俱樂部不是旅館，只有會員及客人能進入，一旦進入，所有設備都開放給他們使用。沒有人會期望在俱樂部擁有私人房間，但是場地和設備需要達到某種水準。組織在辦公空間省下的開支，可以用於改進共享的服務和場地。最先進的電訊系統、像樣的食物，甚至健身房，都是必要的。不過，雖然好的裝潢和優美的藝術品，能使辦公室成為大家想來的地方，甚至使大家自豪身為公司的一分子，然而，辦公室不再會是另外一個家。

## 組織的「共有地」

此外也有別的選擇。英國航空公司（British Airways）總公司在希斯羅（Heathrow）機場附近。它採用修正過的開放辦公桌系統，不同的團隊各有指定的工作區，但是區內沒有固定的私人空間。他們也設法賦予辦公建築一種村落的感覺，當中有條街道，還有條小溪，兩側是商店和各種設施。還有一家咖啡館，桌子沿街而放，沒有一棟房舍超過三層樓高。設計用意是要大家先走過街道，才能抵達組織的其他部分，因此，不期而遇的機會和偶然的談話都會增加。地下停車場到地面沒有電梯，開車的人被迫得走上那條街，才到得了自己的辦公地點。那裡有種輕盈自在的氣氛，而且雖然看起來頗為豪華，英國航空宣稱比起傳統設計、大小相同的辦公建築，這種設計的能源運用更有效，運轉成本更低。

這比較像村落，而不像俱樂部。英航的辦公建築設計得益於一個新發現。有人發現，老式的企業總部有一間間的私人辦公室，沿著長長的走廊綿延不斷，關在厚重的門後，而高階主管在記事本上排滿約會，去見的是另外一些活在厚重大門之後的主管。英國航空希望空間打開以後，組織也能打開。不出所料，資深人員的反應是負面的。沒有人喜歡失去私人空間，但是隨著時間推移，沒經歷過舊式辦公空間的人，會大步前進，擁抱村落和俱樂部的模式。需要隱私才能完成的工作不多，假使有需要，有專門的房間來使用。就像你去找律師時，會被帶到私人會面室而非律師的辦公桌一樣。

我們很容易忘記過去的辦公桌是雙面的，兩位工作夥伴面對面隔桌而坐，通常六到八位共用一個房間，這樣才能使每件事都盡可能的公開、彼此的溝通盡可能迅速、方便。現代的例子是大銀行的交易大廳，由於交易員需要彼此分享資訊，才跟得上市場的迅速變動，因此所有人共享一個公共空間。

我們正在目睹「共用地」（commons）[12]的觀念在組織內復興，雖然在大部分的個人生活領域，這個觀念正逐漸遭到侵蝕。共用地是成員共享的空間。我們不禁想知道，我們是怎麼開始在組織的共用地上圍出自己的私有空間。或許跟早期共用地出現圈圍私地的原因一樣，因為領土給人權力和地位，所以誰有能力占用一塊領土，誰就會去拿。過去那些故事說，地位的高低是看辦公室的大小；地毯是訂製的，還是現成的尺寸；有一套茶具還是只有一個茶葉皿；吃飯去主管餐廳還是自助食堂，這些古老的傳說在我早期擔任殼牌員工時都是事實，它們說明空間及其象徵的重要性。我還記得自己當時感到的挫折；有次開會到了中午暫停，大家去吃飯，半數出席者到他們在樓上的經理級餐廳繼續辯論，其餘的人包括我在內，卻在地下室的自助食堂排隊。我們心裡明白，自己其實已經被排除在討論之外。

那些日子早就過去了，但是領土仍然重要，不管在家還是在辦公室。我理解那些人為什麼怨嘆失去個人空間。我跟我太太都需要自己的空間，除非我們在公領域之外還有自己單獨的空間，否則兩人是無法共同工作的。廚房是公領域，我們在那裡見面安排工作進度，解決問題。我們兩個都在做創意性的工作，不能沒有某種程度的獨處。另一方面，要想出有創意的方法來解決問題，似乎一起做或在團體中進行會更好，因此，獨處或合作必須視情況而定，不能一概而論。所以，多數辦公室最後將是私有與公用空間的混合體。高階人員如何界定自己的工

12 譯注：城鎮或教區所有居民共同使用的開放土地。

作主要是在做創意工作，或是在解決問題？這是個很有意思的問題。若是後者，他們會坐在辦公室當中，坐在所有人都看得到的位置。若是前者，他們會跟外界隔離，藏在自己的房間裡。

有些組織解決這個問題的辦法是，指定不同房間做不同用途，創意思考、閱讀、寫作的房間沒有電話，不能看電子郵件，裝潢舒適，但是與外界隔絕，隔音良好，而任何人都可以要求使用。有的組織期望你在家裡做單獨性質的工作，而以辦公室作為合作解決問題、聯絡和開會的場所。用不同空間做不同的事，既可行又合理。所有辦公室都需要我家書房和廚房的某種混合體；然而挑戰永遠不變，還是一個平衡的問題。

在我們的生活中，我們把因事而異的空間觀念更推進一步。我們覺得倫敦公寓有太多事情在進行，缺少創意性工作似乎需要的與世隔絕。為了工作，我們避居至鄉間小屋，那棟三十五年前為度假而買的房子。在英格蘭東部的田野之中，沒人打擾。倫敦因此成為活動、會面、與人聯繫的地方。將空間分開為相隔一百英里的兩處並不方便，除非你跟我們一樣缺乏紀律，否則我不建議這麼做，因為只要稍微近一點，碰上任何緊急的問題、機會或邀約，想要立即回應的誘惑力就太大了。最好的宴會、表演似乎都被安排在我們的鄉居時段舉行；如果離倫敦太近，我們一定會投降。有些人比我們更能自律，似乎能把創作擠在處理日常瑣事的夾縫中，在小孩吵架或搭火車上班時振筆疾書。我們卻是必須把自己封閉在鄉下的空間裡才能做好工作，這是拿空間來管理時間。

假如真要身體力行我們所提倡的觀念的話，我們的下一步應該要把倫敦的空間降低到只剩一間臥室和一個起居空間，能睡覺、煮東西、共處即可。倫敦過去那兩間書房，現在老實說根本是多餘的。因此，我們正在辦手續，把大公寓賣給女兒和女婿，一個交換的條件是我們接收她在同一棟建築裡帶花園的公寓。她們夫妻需要書房作為跟客戶會談的空間，而我們已經不怎麼使用那兩個房間了。

我不怎麼舒服的體會到世代之間的接替，這是另一個時光流逝的跡象。我們很幸運，只需要搬到隔壁而已。我問自己，該不該帶著遺憾與嫉妒，看著女兒和她丈夫享受我們舊日的空間？還是要高興自己的生活更加簡化？我必須提醒自己，羨慕年輕人既愚昧又無謂，遠不如愉快的目睹他們生命的成長，尤其是在我們舊日空間中成長，即使他們似乎不想要那些我們多年來小心翼翼為他們而積蓄蒐羅的傳家寶物。

他們的壁爐上方現在有一面龐大的電漿螢幕栓緊在牆上，取代原先在那裡的一幅畫。這格外鮮明的提醒我們，他們的品味和優先次序跟我們當然不一樣。他們運用我們舊有空間的方法也不會一樣。

## 沒有必要按照農業時代的公式過日子

現在我們曉得，在太空中時間和空間彼此互連。在生活中也是。太太跟我都盡量依我們想要的生活方式來捏塑我們的時間與空間。不管是我們還是別人，都沒有必要按照農業時代的公式過日子。愈來愈多組織正走向七天二十四小時無休的生活，因此它們必須要求員工把生活以不合傳統的方式拆解，去適應新的形式。對醫院、航空公司、警察或計程車司機來說，這不是新鮮事，但現在有愈來愈多的就業人力正按照某種形式的輪值表在工作。對大多數人口而言，星期天跟其他日子一樣忙碌，雖然我們多半是忙著購物。

若干年前我們算過，假使把五十二個週末、多數人有的一年二十天有薪年假，和八天國定假日加起來，每年我們擁有一百三十二天的假日，超過一整年所有日子的三分之一，而且照拿薪水。這可不是個小數目。為什麼有的人想再增加機動假（duvet days）[13]，甚至還虛報病假，真是奇怪。他們一定是覺得工作太無趣或者壓力太大。作為獨立工作者的一個好處是，那一百三十二個假日隨便你怎麼分割都行。如果高興，你可以每年休息三個月，而剩下來的每個星期裡，你還能在星期日放假一天。每年放兩次長假現在很尋常，有些機構也容許整季、整年

13 譯注：不需任何理由、無須事先報備的休假。

的長假。或者，你當然也可以認為一百三十二天的假期太過分，而將其中半數或更多時間拿來工作，假如你有經濟壓力，就很有理由這麼做。

以我們的例子來說，我們決定分配一百五十天完全給創意工作，寫作、攝影，以及相關的閱讀和研究。然後，我們分派一百天處理行政和商業性活動，多半是國外的旅行演講。接著再拿三十天從事種種義務性質的工作，有點像向教會捐獻十分之一收入的意味。這樣，剩餘的八十五天還容得下每週休息一天，和額外的小假期。我們注意追蹤這些工作日和假日的總數，但是一星期中哪天做何用途，則無關緊要。事實上，我們經常在禮拜五休息，做我們感興趣的休閒活動，卻在禮拜天工作，因為那天電話不會響。要遵守時間的分配需要自律。譬如，增加商業活動的天數很具誘惑力，因為進帳會增加，但是我們知道，如果不在寫作和攝影上投資時間，很快商業性活動就會停頓。那是我們的研發時間，必須加以保護。

## 假日和工作日的分配應該由雇主和員工共同協議

在一個理想的世界裡，一百三十二天的假日和兩百三十三天的工作日如何分配，應該由雇主和員工共同協議。比方說，決定好一年工作一千六百個小時，就可以用簽約的方式達成時間的分配。然而在實際生活裡，組織的意願向來主宰一切。但是沒有必要如此。法國社會主義政府曾經引進一週工作三十五小時的政策，結果迫使組織與員工討論如何畫分工時，並促成更有創意的時間運用。那條法律後來並未如制定原意那樣創造更多就業機會，而且可想而知，並不受小雇主歡迎。但是許多個人的生活品質卻得以改善，給了他們更多平衡生活的可能選擇，例如：小孩週三整天不上學時，有的人會選擇待在家裡；也有人決定多做一份臨時工，增加收入。快樂的個人，不見得一定是生產力更高的員工，可是在那段期間，法國每人每小時的生產力在歐洲國家中排名第一。

在更鬆散、更有彈性的工作世界裡，空間和時間都開放給大家去爭取。英國有八百萬人在家工作或從事兼職工作，相當於就業人口的三〇%，還有更多人正想這麼做。他們有這個機會，可以按本身的需求自行安排工作時間和地點，而非反過來去配合他人需求，這是父母和祖父母輩都沒有的機會。我們都不應該被囚禁在過去的規律裡，而是應該配合自己的需求來運用時間和空間。不論組織或個人都該這麼做，如此，生活就有更多部分可以擁有自主權。

1930年4月，瓊恩・史考特（Joan Scott）和布萊恩・韓第（Brian Handy）結婚。布萊恩是瓊恩在愛爾蘭布瑞（Bray）當地教堂的助理牧師。從此，連鎖反應展開了，至今仍在進行中。

一開始，是個小娃娃。1932年，嬰兒時期的查爾斯・韓第，在爸爸懷中。

然後，是個儀容整潔的小學生。1941年，韓第和兩個妹妹瑪格麗特（Margaret）、露絲（Ruth）。

我一直渴望當個運動員，但我運動生涯的最高峰只是參加學校橄欖球校隊。我在第一排最右邊，1946年。

人生變得認真起來了，我現在十九歲，在牛津大學讀書。1952年，牛津大街。

可是也沒那麼認真……。1954年，和凱薩林・克里斯帝（Catherine Christie）在牛津大學歐瑞爾（Oriel）學院舞會上。

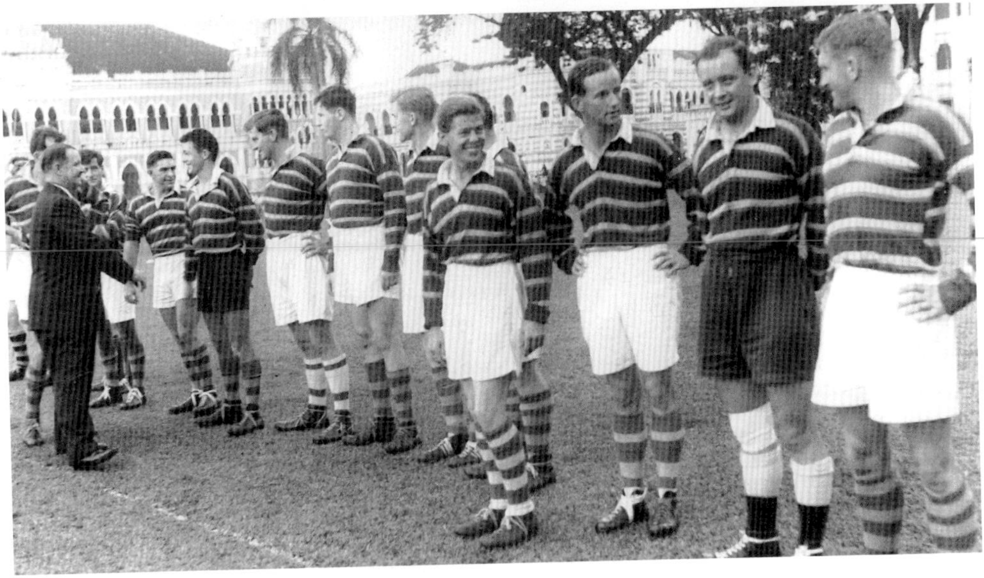

我最後一場橄欖球賽。1959年，吉隆坡雪蘭莪（Selangor）俱樂部。

因為，我心中有其他的牽掛。1959年，和伊麗莎白在馬來亞，Pat Sturgess攝。

回到倫敦後，正式成家。1962年，和伊麗莎白結婚。

開始了另一串連鎖反應。1966年，和女兒凱特在美國，© Elizabeth Handy。

我大概漏接了這一球。1976年，和兒子史考特在諾福克打板球，© Elizabeth Handy。

韓第全家福，包括我們的狗。1986年，© Elizabeth Handy。

擔任聖喬治堂的學監。1976年，在溫莎城堡。

1988年，在皇家工藝協會晚宴上講話。顯然這不是我最振奮人心的一次演講，當時我擔任協會主席，© Donald Southern/RSA。

有人在收聽嗎？1990年，正在為BBC錄製廣播節目，© Elizabeth Handy。

可惜背後那一大片地並不全屬於我，我只擁有一個小角落。1995年，在義大利托斯卡尼，背景是我們住的村莊，© Elizabeth Handy。

但是，我們的窗外風景壯麗得很。1996年，和女兒凱特在托斯卡尼，© Elizabeth Handy。

這個小鎮離托斯卡尼不遠。1996年，和伊麗莎白、史考特在聖吉米安諾（San Gimignano），© Kate Handy。

一個多重身分的女子在廚房。1999 年，伊麗莎白在普特尼（Putney）的合成自拍相，© Elizabeth Handy。

魯班門前弄大斧，我竟然教起老師來。1999年，擔任北英格蘭教育會議主席，© Jan McCelland。

打書的宣傳令人好不焦慮，我正在宣傳自己寫的《大象與跳蚤》。2000年，和一頭大象在印度喀拉拉（Kerala），© Elizabeth Handy。

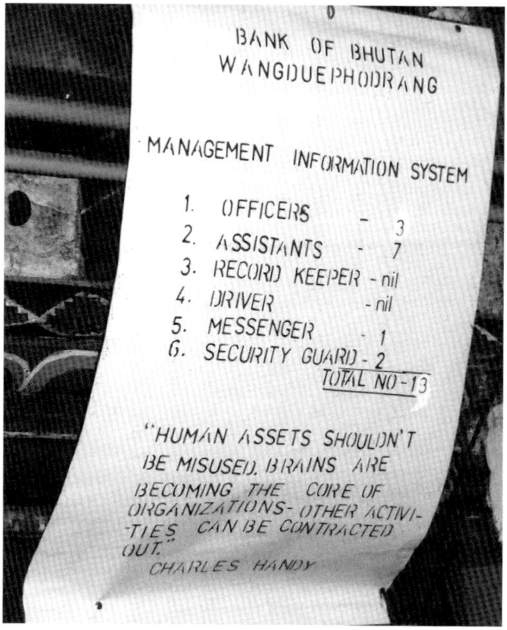


不過，我的話傳到了最讓人想不到的地方。2004年，旺杜波德朗（Wangduephodrang）一家不丹銀行窗內的標示，Lorenzo Rossi de Montelera攝。

# 第十四章
# 學校如犬舍

「你們英國人真奇怪，」我的荷蘭朋友說：「你們把狗養在家裡，卻把孩子送去養狗的犬舍。」這些名叫寄宿公學校（public boarding school）的「犬舍」，其實是私立的，更怪的是，大家竟然認為那是教育的最佳方式，值得付出不斷上漲的大筆學費，只為了學校能庇護學生免受醜惡世界的影響，或許更關鍵的一點是，免受父母的影響。

我們的女兒和兒子都在這些犬舍學校度過一段青少年時期。為什麼我們這麼做？因為我們也是這麼過來的，而且因為我們相信，一如我們很多朋友的想法，它們是現有最好的學校。即使我認為以金錢為子女購買特權有違原則，但就像有個朋友安慰我說，我不是第一個為了小孩犧牲原則的人。回想起來，我很驚訝自己沒有多反省一下過去的親身體驗，就把類似的東西強加在兒女身上。

## 我痛恨我受過的學校教育

從九歲起，我就被送去寄宿學校，接下來十年，我只在放假時才看得到爸媽和自己家。學校都太遠了，其中一所還在國外，因此沒辦法在學期中回家。我向來是家中的臨時成員，即使我很受人疼愛，我也是一個外人。結果是，我對父母的認識從來不如我希望的那麼深。當我需要他們的時候，他們不在、也不能在我身邊，而我也不能分享他們的生活，學習他們的榜樣。

而且我痛恨我受過的學校教育。我被欺負，老是挨揍。我痛恨缺乏隱私。不管白天還是晚上，我從來不曾單獨一個人在房間裡。總是有其他人跟我共用有限的空間，全是男生，而且多半不是我心甘情願。就連廁所的門都給拆了，免得我們在裡面搞花樣。功課我是沒問題，我的短期記憶不錯，東西可以留在腦袋裡夠久，足以讓我寫到考卷上。可是我在運動上完全不行，我最大的成就是替學校的板球隊當記分員。課堂上的表現很好，運動場上的表現則比較差，在那種學校裡是最糟的組合了。我不屬於當紅派。在學校或家裡，我都是外人。很多年後，當我告訴母親這些事時，她大吃一驚。

「可是你從來沒說過。」

「當然沒說了。我以為事情本來就應該這樣子。」

父母告訴過我，學校是為了未來生活所做的準備。但假使生活是這樣，我覺得我可不怎麼喜歡。

現在回想起來，學校也沒給我多少未來生活有關的準備。跟很多人一樣，我宣稱在學校沒學到任何我現在記得的東西。嚴格的說，這種說法並不正確。為考試而記的東西的確沒留下多少；日後生活裡任何有價值的東西，我都得從頭再學過。不過，學校（尤其是那些寄宿學校）有兩種學程：正式、外顯的課表，明白列舉教室裡要上的內容；然而另外還有一個隱含的學程，很少會講出來或寫下來。學校是兒童接觸到的第一個正式組織，是他第一次接觸到親人以外的大人。在這裡，他學到權力、學到誰有權力、學到人際關係的愉快和痛苦、學到誰可以信賴、誰得躲開。在這裡可以學到要怎麼做才能成功，怎麼樣算是成功。除此之外，我當時認為，我學到只有大人才知道什麼是最好的東西，那是老師和專家才了解的世界，我的任務是學習並記住他們知道的東西。

問題是，這個隱含的學程往往會誤導人。跟人合作叫作弊；在書上找答案，或者像今天在網路上找答案，而不設法把一切都裝進腦袋裡，也是作弊。後來，我必須儘快丟掉這些教訓，才能在商業界生存，因為合作和查核事實都是商業的基本元素。我以後會發現，年紀不見得跟智慧相關。長輩，包括老師在內，並不一定知道問題的答案。可是，他們仍然有權力，所以照他們所說的去做，仍然有好處，即使我知道那是錯的。離開學校後，我花了好幾年的時間才開始相信自己的判斷，而且到今天，我還是傾向於不加懷疑就接受官方人員告訴我的話。政府知道什麼是最好的東西，我以前那麼想，但我現在明白並非總是如此。

那麼，既然知道這一切，也親身經歷那一切，為什麼我還是決定送孩子去那種地方呢？因為即使我質疑這個觀念，我被洗腦的程度仍然深到願意跟隨我這一代既有的想法。萬一那是對的怎麼辦？我可不希望孩子失去機會。

何況我告訴自己，現在辦學好的寄宿學校比我那個時代的學校要好太多了。它們已經做了很多改變，將隱含的學程變為外顯，而且使學校跟實際生活更相關。

## 學校教導怎麼理解知識，卻沒教導怎麼行動

現在所有型態的學校都宣稱，要發展全方位的個體。公民，現在是一門課，不再是希冀達成的一個願望。我記得當我第一次讀到霍華德．嘉納（Howard Gardner）教授寫的多元智能（multiple intelligences）理論時，心中豁然開朗。那個理論指出，一個人的智慧可以展現在許多不同方面。「一點也不錯。」我說。許多老師和學校也都這麼說，他們開始調整教學計畫，去訓練更多元的能力。但我仍然認為，大多數學校做得還不夠深入。部分原因在於，我們沒有一個測量的

標準，能從長遠來看學校是否達成這樣的目標，培養出全面、符合資格的公民，可以發揮個人具備的一切能力。就目前所及，正式的測量標準只評估學業成績，而且就如那句老話所說，不考的就不教，因此，傳統智慧的老觀念仍然占有主導地位。學校幾乎是不顧老師的期望，愈發把焦點放在提高學生的考試分數上。一如常見的情況，爭取分數和排名扭曲教育本來的目的。

二十年前，我在皇家工藝協會主持一項名為「能力取向的教育」（Education for Capability）的運動。這項運動由一小群教師和商界人士發起，表達我們對當時英國教育嚴重失衡的關切。讀過書的人，或者說學者型的人，都被教導怎麼理解知識，卻沒被教導怎麼行動。我們的宣言說：「充分平衡的教育當然應該擁抱分析，以及知識的獲取。但是，也必須涵蓋創意性技能的操練、承擔與完成任務的本領，以及應付日常生活的能力，還要能在與人合作下做到以上所有事情。教師應該在這方面花更多時間，使受教者準備好面對教育體系之外的生活。」一百位商業、政治和教育領袖在宣言上簽名，然而身處現有教育體系中的多數人並不看重這份宣言。「其他技能他們得在現實環境中自己去學。」一位老師對我說。

為了宣揚我們所說的「能力」觀念，我受邀對一所不錯的公學校教職員演講。等我說完自己那套理論，校長謝謝我，接著評論道，顯然我不會贊同他們在教室裡進行的許多活動，不過我應該會認可學生在課後參加的活動，例如球隊、戲劇課、管弦樂團或社區工作，以及參加愛丁堡公爵獎計畫（Duke of Edinburgh's Award Scheme）的活動。

確實如此，我回答，不過，你們必須想辦法讓學生保持忙碌，因為他們一天二十四小時都在你們的管轄之下，在這點上你們與眾不同。你們顯然以很好的「能力」類型活動，填滿那些多出來的時間。所以，放學後就離開校舍的孩子就很可憐了，假使他們想要有任何一點技能，必須到別處去學，而這些學生占英國教育體系的九〇%以上，就讀於政府經營的公立學校。我主張，所有學校都應該把一天劃分為兩半，教課在中午結束，下午致力於課外活動，不見得要由相同的老師帶領，而可以引進附近社區的專業或有經驗的人才。這一點最近終於實現一部分，雖然已經有點晚：二〇〇五年英國教育部長露斯．凱利（Ruth Kelly）宣布一項政策，所有學校都開放到下午六點，好讓更多這類活動有地方舉行。有沒有足夠的經費使她的願望成真，還有待觀察。

不過，我後來發現，在隱含的學程裡還有更深一層的基本問題。一九八〇年代初期，當時英國的學校委員會（Schools Council）找我研究學校組織上的問題。學校的制度、管理方式和結構是否合理？以我對組織所具備的理論知識和實務經驗來看，學校的表現如何？那時我剛出版《認識組織》（*Understanding Organisation*）一書，也曾在組織中工作過，或跟不同類型的組織有過合作關係，儘管主要是企業組織。

## 在傳統學校裡，學生只是需要加工的原料

我在一個濕冷的十一月天出發，拜訪幾所學校，得到當時康芬市（Coventry）

教育局長羅伯特．艾特肯（Robert Aitken）很大的協助，他讓我到他轄區內多個不同類型的學校去。然後我發現，在一個濕冷的早上，沒有比臨時拜訪一所規模很小的小學更讓人愉快的事了。每個學生看來都很快樂，這提醒了我，假使一個人學得不開心，是學不了什麼東西的。年紀不大的學生坐在一個個小團體中，一起為一個計畫合作，看起來跟設計師工作坊或建築師辦公室裡可以見到的工作小組沒什麼不同。

等我轉移陣地，到同一條馬路上另一所較大的綜合性中學時，世界就變了。我還記得走進教師辦公室，我們喝著咖啡，找話題交談，我問那裡有多少人工作。「大約七十個人，我想。」他們回答。我很驚訝，畢竟這所學校不算小。當我告訴艾特肯這件事時，他說：「喔，天啊，他們忘了清潔工了。」

「不是，他們把孩子撇在外面了。」我說。

對我來說，我一下看清了事情。按照他們的要求，我如果把那所學校視為組織的話，很明顯學生是某種形式的工廠產品。學生在組織裡被當作需要加工的原料，在幾個稱為「教室」的不同工作站遊走，受到檢驗、測試、分級，然後被送出去。這個過程通常耗費五到七年。開始的原料愈好，最後得到高分的可能性愈大。

我明白，這是學校給人的刻板印象。這樣看待學校，不管過去或現在，都很殘忍，而學校總是有許多認真的老師，在為每個年幼的學生盡最大的努力。我的論點是，學校的現有設計使任務很難達成，而本來不必那麼難。假使學生在組織裡被視為工作者，就像我先前造訪的那所小學那樣，氣氛會大不相同。

在組織良好的工廠和辦公室裡，工作者有個別任務要完成。他們花很多時間和其他工作者合作，為完成一項作業而努力。任務通常有開始有結束。他們自己看得出來，任務是成功還是失敗。他們不怕向人求援。他們知道什麼事情自己做得最好，而什麼事情別人做得最好。如果他們頭腦清楚，就會合作。一個好的組織會確保員工可以學到完成工作所需的技巧和技術。老師除了是指導者，也是作業管理人，主要的一項任務是設計使學生感興趣且覺得有切身關係的作業。有一次，我去視察幾個被提名角逐某個獎項的作業計畫，跟一個年輕人談話，他在一所工藝學校學習製作高品質的玻璃器皿。「課程結束時，你會拿到什麼證書？」我問。

「我搞不清楚。」他說：「不過，我唯一需要的證書是這個。」他指著剛剛做好的一個美麗的玻璃器皿說。產品本身就是足夠的獎賞了。

## 學校重要，家庭更重要

這樣的思考方式，會使學校的觀念翻天覆地。要管理這樣的學校很不容易，不過現在有些人正在嘗試。我認為學校目前的設計不符合人的自然本性，也堅決相信，任何事情只要我們非常想學，就能學會。問題在於，學校要求我們大多數人去學的東西並不能使我們感到興奮，或感到興趣。我們被要求全憑信心，相信現在學的東西會在遙遠的將來派上用場。當你十五歲的時候，三十歲遠得像另一個時代，眼睛看不見，腦中也想不到。如同我自己的發現，庫存、堆積的知識很快就消逝了；所有記憶性的課程都應該貼上賞味期限的標籤。

七歲的小孩在手機上寫簡訊要比我行，使用iPod、錄影機等等也都比我厲害。很明顯，假使他們感到有閱讀和算數的必要，就一定學得會。假如小孩不想讀《哈利波特》，書就不會賣得那麼好。如果有任何例外，那是因為父母和學校沒找到開啟他們興趣的鑰匙。我們需要跟孩子的自然傾向配合，而非只顧我們自己的興趣。孩子在哪裡，就從哪裡出發，而非只顧我們自己站在哪裡。不管怎樣，孩子已經在學習了，即使學的不是我們希望他們學的東西。如同從前我在能力教育演講中說的：「社會上有許多學習在發生，問題是，大多數學習並非在學校中進行。」一向來如此。當我們做自己感興趣的事情時，學到的最多。而對多數人而言，他們感興趣的事情不在學校裡。

我們那本《新鍊金師》裡描寫了一個人，拿她來證明這點綽綽有餘。她是莎布妮娜・金妮斯（Sabrina Guinness），一九九四年創辦少年文化電視台（Youth

Culture TV）。YCTV招收十一歲到十九歲的青少年，在電視工作的各方面予以訓練，包括節目製作等，最終要完成每週播出半小時的單元。這是真槍實彈的教學，主要設計給對傳統教育感到絕望的年輕人。不管最後他們是否在媒體界找到一份工作，金妮斯說，大家離開時都對自己滿懷信心，自律能力增強，而且擁有一套實際的個人技能，以後一輩子都用得著。那可是認真的課程。所有申請人都必須先通過四天的熟悉作業課程，接下來是一連串的技術訓練，然後，才能在真正播出的節目裡工作。對學校失去興趣的年輕人排隊等著上金妮斯的課，因為那是他們想學的東西。

我們對「新鍊金師」的探討還讓我們明白另一件事：學校重要，而家庭更重要。我們這項研究顯示，對於學生在教室裡的成績，家庭背景的影響高過學校的形式或排名，同時也發現，成長背景較富裕的孩子，往往功課較好。其他研究也顯示，有家庭的參與，學生的表現就會改善。但是，我猜想其中涉及的原因更深。家庭，不論是什麼樣的家庭，在相當長的一段時間裡，是我們唯一所知的世界運作模型，例如人跟人怎麼相處、什麼是對的事、什麼是不能接受的事。

父母的態度和期望，對鍊金師的生活起了重要作用。兒童早期承受什麼樣的責任，有沒有機會試探好奇心，有沒有機會學到犯錯不會致命、學到改變可以是件興奮的事等等，這些都是鍊金術的種子；扼殺了，幼兒的創造本能就有發育不良的危險。在我們的二十九個樣本裡，只有三個人排行老大。或許老大的鍊金師不多，是因為父母對長子與長女寄予的傳統期望太沉重。他們可能很成功，但他們沒有創業者或創造發明家必備的愛實驗心態。要拿生活做實驗，非要有點自由不可。

## 兒童受到過度的保護

就現況來說，當前有愈來愈多的跡象顯示，兒童正受到過度的保護，特別是在大城市裡。他們到哪裡都有轎車或校車接送，被警告要防範陌生人，甚至連跟朋友玩耍都被禁止，以免有人受傷而被對方家長控告。富有實驗精神的兒童，往往除了在安全無虞的家中玩電腦遊戲，就沒有別的事情可做了。一九九九年BBC對一千三百個兒童做調查發現，兒童受夠了過分監督，受夠父母和老師像趕羊般的看護他們。有一次我擔任一個大型教育會議的主席，我在演講中提議，對於學校裡的頑皮孩子，我們應該放輕鬆點，只要他們不傷害到任何人就行。我說，搞不好這是他們能夠實驗的唯一方法。我的說法遭到一個教師工會嚴厲的反擊，他們警告我，最好離他們的教室遠一點。

無論如何，家庭比學校更重要。學校一年只占據我們清醒時間的一五%，其餘大部分時間都在家裡。家人可能覺得自己對於不聽話的青少年毫無影響力，但是不管結果好壞，他們的榜樣是權力強大的老師。我們的兩個孩子都選擇獨立工作，絕對不是偶然。就像我女兒說的：「我喜歡和別人一起工作，不喜歡替別人工作。」他們一路長大，看到做父母的我們是怎麼生活、怎麼工作，現在他們兩個也這麼做了，跟伴侶在家裡工作。父母離婚的兒女比其他人更可能離婚，這不會是意外。在我們家無法想像的事，在其他家庭可能理所當然。假使你在音樂家庭裡成長，你愛上音樂的機率很高，特別是因為你的遺傳基因很可能使你有那樣的傾向。過去預測一個人未來的職業，只要看看父母做什麼，就八九不離十。只有今天才有那麼多行業是父母不知道的，上下代的職業關聯才開始鬆動，但是並未完全絕跡。我的祖先是牧師。我站在講台上教書，在會議上發言。我們的兒子宣稱，他是家族中唯一誠實的一員，因為只有他老實的自稱是演員。他指出，我們向來都是表演者，是演員的一種，不管我們自稱是主教、會吏長，還是教授。他或許沒錯。這在我們的血脈裡流動，也在我們的家庭傳統裡留存。

家庭影響職業和興趣，而且更重要的是，也影響價值觀。看到自己的價值觀反映在孩子身上很讓人震驚，偶爾也讓人高興。只要收入還能餬口，我跟太太對於工作總是把興趣擺在金錢之上。但是看到兩個孩子抱著同樣態度時，我們既高興又有點擔心。他們的錢真的夠用嗎？今天夠用的標準要比我們年輕時高得多了。有一次，我對當演員的兒子提議，演戲拿來作為休閒活動，要比作為事業好，或許他可以考慮去當律師，我說，當律師也有舞台表演的成分在裡面。他訝異的看著我：「我不敢相信你會這麼說，你向來都說，你應該追求心裡真正要的東西，不要去追求錢。」

身教一向比言教更具說服力。我們的行動，要比我們的言語更讓人記得牢。現在當我省思家庭的影響，好影響也好，偶爾的壞影響也好，我就納悶為什麼我們當初那麼輕易的就把孩子的少年時段託付給陌生人代管。自認不稱職是一個原因。我記得當時自己在想，如果兒子上本地的學校，他的課後生活我得負起大部分的責任。我怕自己既沒精力、沒時間，也沒那麼廣泛的興趣能吸引他的注意力。我擔心自己不會贊同他選擇的同伴和學習的榜樣，簡而言之，我怕他會超出我的控制範圍。為了不發生這種情況，我們就把他送走了，送去一間犬舍，結果，有一陣子我們失去了他。他的照顧和發展既然有那麼大的部分託給別人去管，他更是出了我們的影響範圍之外。回顧起來，我對自己的怯懦十分羞愧。

有這麼多父母覺得這麼做比較容易，寧可把孩子的發展交出來，給自己並不怎麼認識的人去管，不管是托兒中心、玩伴團體，還是學校；我不禁想，我們正在塑造什麼樣的社會？某種形式的學校有其必要性。除了少數例外，家庭無法、可能也不該是唯一負起法國人稱之為幼兒「培育」（formation）任務的人。學校的確教了些有用、有必要的東西。即使我們忘記大部分的內容，還是有東西留下來，只可惜留下的東西經常不是我們預期中的東西。隱含學程的威力可能比正式的學程更大。家庭教給孩子的東西比他們自己明白的東西要多，不過可惜的是，並非所有家庭都應該擔負老師的工作。有不好的家庭、不存在的家庭、懶惰的家庭，以及貧窮的家庭。從這些家庭出身的孩子，學校可以作為他們的安全網。

## 學校應該成立哲學課程

更關鍵的是，既然傳統的權威來源（宗教與社區長老）正在衰亡，一切規則尚待建立，那麼，我們需要的是教導思考的學校。我們很容易忘記宗教傳統在我們社會已經深入肌理，就連宣稱沒有信仰的人也不例外。尤其是基督教的故事已經成為西方社會普遍接受的文化背景，其中包含那麼多規範行為的原則。「你們願意人怎樣待你們，你們也要怎樣待人」、「愛人如己」只是其中的兩條。我們也許不那麼做，但是我們知道那些訓誨。如果神話遭到遺忘，它們夾帶的訊息也會消失。

如果說宗教不再是西方心靈的緊箍咒，相對主義的價值觀正在上揚，那麼，大家必須學習如何自己做決定。這在任何科目裡都能學到，只要羅列出來的是問題，而非必須背誦的事實。但是，有一個科目完全專注於思考；簡而言之，世人不分年紀都需要學習哲學。家庭以自身榜樣散發其處世哲學，但是如何教導自己的孩子去獨立思考，家長們會覺得很困難，因為通常他們也不曉得要怎麼做。這是個困難的挑戰，但是，與其在「公民」的科目下面勸人實行某種哲學，我寧可見到學校成立哲學課程，歡迎各種不同年齡的人參與。

我心目中的這個哲學課程不會是偉大哲學家作品的節錄版，而是類似我在大學時必須撰寫的論說文，出題目給學生回答。其實也沒有必要寫文章，群體討論會更合適。比方說，一個可能的討論題目是「公理正義是什麼」。公理正義的意思，可以是給人應得的獎賞或懲戒，也許是看表演要付錢，或者從另一方面出發，是犯了法要罰錢。然而，公理正義的意思也可以是給人需要的東西，例如累進稅率可以讓窮人保留較多的收入。這點多數人會視為公理正義，不過，假使做得過火，富人會覺得他們受到不公平的對待。平衡點究竟在哪裡？有些哲學家，尤其是約翰．羅爾斯（John Rawls），主張基本原則應該是平等。只有在多人得利的情況下，才能容許少數人得到不盡公平的獎賞。這類哲學家或許會主張，醫生的酬勞應該高些才公平，因為為了所有人的福祉，群眾需要更多的醫生。

就像所有哲學問題一樣，沒有正確的答案，只有對議題的探究，以及弄清楚自己立場的挑戰。假使我們不知道自己在重大道德與倫理議題上的立場，我們就等於毫無防備，任憑那些想強加意見在我們身上的人為所欲為，或是採取可有可無的態度。兩者都有危險。

會有多少學校採納哲學課程，我並不樂觀，即使有些小學已經開始初步行動。問題在於我們用來評量學習的方式。哲學不是一套現成的是非題，可以打勾記分。哲學在意的是過程，如何形成主張，如何證明結論，而不在意結果。哲學裡唯一重要的答案，是那些你自己想出來的答案，因此很難打分數，很難訂立標準，很難找到足夠的師資願意花足夠的時間來上這門課。然而，有時候我們必須去做一些事，正因為那些事是對的，或是有必要。哲學是法國學校的核心課程，或許這是講實用的英國人不願意沾惹的原因。既然如此，家庭將永遠是影響人生最主要的力量，當我觀察自己兩個孩子所過的成人生活，我愈發能體會，是家庭告訴我們要如何生活、如何思考。

# 第十五章

# 家庭大事

「小心，」我告訴兒子，他正在考慮結婚，「你娶的不只是一輩子的愛人，還娶來她一整家人。最好先弄清楚所有情況；你會發現，家人的影響是很大的。」

我說的是親身體會。一個大雨滂沱的晚上，我在吉隆坡一個宴會上第一次見到伊麗莎白。當時我一點也沒有想到（後來好一陣子也沒想到），要問她來自哪裡，家裡有些什麼人，我只要認識她這個人就夠了，直到事情開始變得認真起來。她邀我到新加坡去她爸媽家住幾天，她父親正隨著英國陸軍駐守在那裡。沒幾下，事情就很明白，這個家庭跟我留在愛爾蘭牧師宅邸的那個家庭大不相同。「你是不是在跟我女兒睡覺？」我剛到沒多久，她的上校父親在客廳問我要喝什麼酒時說，當時只有我們兩個人在場。我察覺到這是某種測驗。在這個場合，我想，守分寸應該要比和盤托出來得恰當，因此，我臉上發紅，微笑道：「謝謝，威士忌加一點點水就好。」他上上下下打量了我一會兒，發出一聲「哼」，遞給我一杯威士忌。

伊麗莎白的父親非常出眾，她母親也一樣。他們跟一群朋友都是派對動物，跟他們在一起很愉快。我完全被吸引住，他們對生活無憂無慮的態度，充滿色彩的笑話，滿不在乎的閒話八卦，以及對各色人等的寬厚大方。他們過的日子和我父母很不一樣，我喜歡極了，而他們對我只有善意仁慈，直到我向伊麗莎白求婚為止。作為她的仰慕者和追求者，我還算過得去，但加入他們的家庭可是另一回事。當時他們正在土耳其度假，我們兩個那時已經回到倫敦，寫信告訴他們我們訂婚了，希望他們能高高興興的認可。好不容易來了一封信，收信人是伊麗莎白。信上說，急什麼呢，你還年輕，可釣的魚多著呢。現在回想起來，從某方面來看，他們是對的，我並不適合伊麗莎白。他們希望自己的獨生女找到更好的對象，或許是個退役軍官，有鄉間的產業可以繼承，而非愛爾蘭牧師的兒子，身無分文，還拒絕從軍的機會。但是為了以防萬一，上校要他的釣魚夥伴、一位殼牌公司的資深經理，去調我的檔案出來，查核一下我的前途如何。當伊麗莎白的父親告訴我這件事情時，我覺得義憤填膺，儘管結果似乎讓他放心。不過他還評論道，他也查了查殼牌的退休計畫，看來我死了要比活著更值錢。

## 進入一個新家庭，跟去一個新國家居住沒有兩樣

六個月後，我們結了婚，但是早期的徵兆沒有一個吉利。我太想好好表現，所以預定一輛昂貴的大禮車，去接準丈母娘到婚禮會場，倫敦市內的聖瑪麗亞德馬利（St. Mary Aldermary）教堂，就在地下鐵「市長府邸站」（Mansion House）對面，也離我們的婚宴地點很近，十分方便。不幸的是，禮車司機把她送到聖瑪麗亞德曼伯利（St. Mary Aldermanbury）教堂。犯錯的原因或許不難明白，但是說巧不巧，那棟教堂正在進行解體工程，磚頭一塊一塊的卸下來，準備運到美國去重新組合。我岳母本來就不贊成這樁婚事，現在竟看到車窗外的教堂沒有屋頂，牆壁也有一半已經不見了，她可不覺得好玩。

十五年後，岳父去世了，我們很傷心，也感嘆他走得太早了，還沒來得及喝他跟酒商為他的退休而窖藏的三十三箱上好波爾多紅酒。後來我驚喜的發現，他在遺囑中把大部分的酒留給了我。這些年來，我一直好好維持著這份寶藏，賣掉

了一些，又買進更多年份較新的酒，以備將來之用。每一次我們喝這些酒時，我都暗中帶著感謝舉杯，謝謝這些好酒，更因其中的訊息而感恩；照我的理解，這表示我終於贏得作為上校家庭一分子的權利。我珍視這個家庭，一如我珍視自己的愛爾蘭家庭。就連岳母大人最後也改變看法。

進入一個新家庭，跟去一個新國家居住沒有兩樣。你得學習他們的行事方式、風俗習慣，贏得定居的權利，同時還保有自己本來的身分。跟國家一樣，家庭有歷史，歷史塑造了文化。我訂婚時未來的丈母娘寄給我父母一份族譜，是我岳父的先人傳下來的。我母親不甘示弱，回給她一份自己家族的族譜。我猜想，她們交換的不只是家族資訊。婚禮也不一定總像表面那樣充滿喜悅。當雙方互相打量評分時，精采的文化衝突有可能隨時爆發，留給才剛結合的新夫妻去搭橋填溝。那道鴻溝是永遠填不滿的。身為姻親，我明白儘管自己盡了最大努力，但在我的新家庭裡，我永遠只有相當於綠卡的身分，永遠都是被收留的居民，而非土生土長的公民。這也理所當然。家庭保衛自己的疆域是不遺餘力的。要是不那麼做，很快的，在危難時它就無法繼續給家人一個安全的避風港。

## 若不認識一個人的家人，是無法充分認識他的

在追求我未來太太的早期階段，我明白一個人若是不認識另一個人的家人，是無法充分認識對方的。我們身上有太多部分跟我們的基因遺傳牽扯在一起。我們的思考和行為方式有太多地方被自己早年的薰陶定型。因此，奇怪的是我們常常把家人藏起來，不讓朋友見到。羞愧嗎？害怕家人會透露出自己不為人知的一面嗎？我曾猶豫再三，考慮要不要帶那些優秀的大學同學回我愛爾蘭那個不起眼的家。看到我們素樸的生活，比方說每天早上圍坐餐桌祈禱，或是進餐時喝茶而不喝酒，他們會怎麼想？讓我放心而且驚喜的是，最後來到我家的朋友都很喜歡他們看到的一切，愛上了我爸媽，甚至加入早餐祈禱。我猜想，部分原因在於他們更了解我了，或是因為既然他們知道我的來歷，我終於能夠放鬆。我現在的觀

察是，絕大多數人在我見過他們的至親後，似乎顯得更真實。只有在這時候，我才能見到這個人的全部面向，看穿公眾形象這道保護的屏風。那個形象是我們每個人都戴著的面具，只有在我們跟這個人的交情夠深時，才會除下。今天任何人給我最好的讚賞，是介紹我認識他的父母或手足。

然而，要融入一個家庭需要時間，你要接受他們是你生活中躲不開、而且應包容欣賞的一個現實。在我丈母娘還在世時，她的大家庭一定會在耶誕節前一個禮拜聚首，互相交換禮物。這個場合可能發生各種狀況，我們沒有幾個人會期盼它的來臨，但是，現在家族的女族長已經離世，這個傳統沒落了，我們反而開始懷念它。光是同根生這個簡單的事實，永遠無法保證我們會有相同的價值或興趣。家人並不一定容易相處，可是啊，可是，當你有需要，不管你喜不喜歡他們，他們是最可能出現、最可能給你支持的人。我記得當母親也過世的時候，我感受到巨大的失落。現在我是孤兒了。我也記得，一個和我同齡的老朋友，當他的兄弟過世、老家不剩半個人時，他那張被擊垮的臉。不論是愛他們還是厭惡他們，我們都需要家人。

甚至，當家人並非來自一對父母加上二．二個孩子的傳統家庭時，我們的感受似乎依然如昔。現今家庭的形式和規模，種類之多已超出理解範圍。我們的兩個孩子以前抱怨過，當他們大多數朋友在煩惱要跟哪一方家長過耶誕節時，他們卻毫無選擇餘地。有一次我犯了個錯，說「我」的女兒，沒說「我們」的女兒。「你太太也有個女兒嗎？」對方反應道，以為我們夫妻各有來自前次婚姻的子女。同居、離婚和離了又結的婚姻，正在創造更多的重組式家庭。二〇〇一年英國所有的家庭中，一〇％有繼父母，三〇％的家長不是兩個成年人。不過，新的家庭或許比傳統家庭來得容易應付，因為大家對成員的期待較少。

或許，我們只是比較長壽罷了。維多利亞時代，標準的婚姻長度只有十五年，因為其中一個伴侶（通常是女性）死得比較早。現在他們不是死亡，而是離開，但十五年仍然是婚姻的平均壽命。或許在從前，「唯有死亡能使我們分開」（till death us do part）是可行的結婚承諾。現在，許多夫妻選擇的婚誓是，願彼此的結合「與我們的愛情等長」（as long as our love lasts）。這很自然的讓我們想問：愛情是什麼？我給了兒子或許不太中聽的忠告，我勸他不要只以激情或肉體的吸引作為長期關係的基礎，而要尋找一個伴侶，她終有一天會成為他最好的朋友，建立一種能隨生命推移而愈來愈深厚的友情。有一天我告訴一臉不相信的兒子，將來他想要在床上得到的不會是一流的性愛，而是擁抱和依偎。我說的不只是親身體會。很久以前，我在一個研究助理的協助下，調查過我在商學院一些當高階主管的已婚學生，看看他們在成功的事業與穩定的婚姻之間如何應付壓力。這個研究讓我得到一個結論，好的婚姻會在兩人共度人生的過程中，漸漸微妙的改變彼此互定終身的基礎。

## 我正處在第二段婚姻，只不過娶的是同一個女人

近來，我有時候會開玩笑，說我現在正處在第二段婚姻，只不過娶的是同一

個女人。當子女長大，開始有自己的生活，當我們兩個的父母都已去世，我們的狗也死了，太太跟我突然再度自由了，可以發展各自的人生。家庭原本發揮偌大的功能把我們綁在一起，給了我們一個共有的日常生活，現在這種維繫卻減弱了。轉型期可能充滿挑戰。我們已經有一段共享的歷史，還會共享未來嗎？我正在過獨立工作的生活，以演講、廣播、寫作為生。伊麗莎白剛讀完攝影的學位，現在開始有時間發展專業生涯。我們可以安於兩人各忙各的、大致沒有交集的生活。我們知道，有些夫妻在工作生涯分道揚鑣之後，就視此轉型期為契機，各自開始尋找新伴侶，好建立以共同工作為重心的新生活。而我們兩人已經對彼此投資太多，不想冒險讓那樣的事情發生。

因此，我們決定找到能結合我們工作的方式，藉此維繫我們的友誼、婚姻和家庭，這是我們所珍視的一切。她管理我的工作，當我的經紀人，安排邀約，不管我到哪裡，都跟我一道旅行。我在她的攝影作品和書籍上添加文字，在她拍照時盡可能在旁幫忙。結果我們總是在一起，好像連體嬰。有一個顧問曾表示他對所謂的「旅行演講人配偶的孤寂」感到同情，問伊麗莎白我離開她最久的一次時間有多長。「四十分鐘，」她回答，「他到超級市場去。」這種無時無刻不在一起的近距離相處或許不符合所有人的胃口，但是，沒有任何一個人是一個人見過，但另一人沒見過的，我們所有的經驗都是共享的，而且沒有一個晚上是單獨過的，對於這些我們感到很愉快。這樣的安排不可能有個人祕密，我們在其中找到一種全新的親密無間，其基礎在於互信，更甚於激情。這的確是一個新婚姻，不過伴侶是舊的。這樣更舒服，而且更省錢。

婚姻，或者它的現代同義詞「長期同居」，是家庭的基本建材。但是，根據公禱書，婚姻可能、甚至應該只是下一個更艱難階段（育兒期）的前奏。我不是那種渴望生兒育女的人，我覺得那似乎是太大的承諾。我記得太太生下第一個孩子時，我坐在她身邊，看到護士捧起我剛出生的女兒，心想：「這玩意將使我接下來的二十年不停工作。」買房子已經夠糟了，但是不喜歡的話，總是可以換成別的東西。女兒可不同了。這個承諾是逃不開、換不了、賣不掉的。

半小時以後，這些念頭我全忘了。突然間欣喜湧滿胸口，我明白別人說的「無條件的愛」是什麼意思了。我很清楚，日後會有困難的時刻，我會面對新的挑戰，但那一刻我知道，我永遠不會停止愛這個可笑的禿頭寶寶，不管她做了什麼或者不做什麼。愛而不求回報是利他的極致，但此刻它不召而來。

## 養育子女最困難的局面從他們脫離掌控才開始

也幸好如此，因為做父母要比我想像得還困難。我很訝異，這不是自然就會的事情。養育子女很難，我不認為我們做得特別好，但是，最困難的局面要到他們脫離我們掌控時才開始。就有那麼一天出現未來的前兆，當時我正在訂立一條我已經忘記是什麼的規則，卻聽到六歲的女兒反駁：「可是郭特小姐（Miss Gotto）說……」，我馬上知道自己失勢了。郭特小姐是她的老師，是她生活中的絕對權威。而我只是每個星期天一起吃午飯的人。兒子對我有不同的看法。他在小學的班上，有一次要寫一篇短文，題目是「我爸爸做什麼」。

「你怎麼說？」我問，好奇他會怎麼描寫我在商學院的工作。

「我說你會塗顏色（paint）。」

嗯，有意思，也許他察覺到我不為人知的藝術氣質。「你說我塗些什麼東西？」

「牆壁。」

當然了。那是他見到我做的唯一一件事，粉刷房子。難怪他的導師後來在家長會上，對我一付紆尊降貴的態度。用孩子看你的方式看自己，可能很嚇人，不過是健康的驚嚇。

更糟的還在後頭。我從自己的某些研究得知，我們傾向於把太多不正確的壓力加在孩子身上。從一開始，我們就要他們追求傳統的成功，即使學校的課程跟他們的天賦不能配合。因為嘉納的理論，現在我知道，能力的範圍要比智商廣。你可以在音樂或體育上很聰明（我說的音樂不見得是古典樂），卻對其餘課程一籌莫展。流行樂手不見得上過大學，而且往往選擇不上大學，足球選手也一樣，部分原因在於他們的能力出現得較早。善於與人相處（就如我女兒）、規畫能力一流，這兩個能力在學校都比不上考試分數重要，即使日後這些能力對生活的幫助更大。因此，當你的兒子證實是個有天賦的豎笛手（就像我兒子那樣），十五歲時獲得英國國家青少年管弦樂團的一席之位，卻在一離開學校後，就改吹薩克斯風，在流行樂團擔任主唱，接下來一年裡，跟自己的樂團在不同的地下室演唱，你怎麼辦？我想你只能鼓勵他們，去欣賞他們的演出（「拜託站在後面，老爸，我不希望你太顯眼。」），同時希望這不會持續下去，而如果持續下去，就希望他能闖出名堂。

## 有時候，你覺得自己怎麼做都不對

今天他們進入的世界，跟我在他們的年紀所知道的世界非常不同，而且他們對於自己想要的生活，比我從前要清楚多了；了解這一點是很奇怪的感覺。還有一點很明顯，我們對他們的期望根本無關緊要，甚至會起反作用。當兒子告訴我們他想放棄大學入學，全時間投入樂團、跟隨樂團經理時（「你知道的，老爸，在這個國家，重要的是有大學錄取你，而不是去讀大學」），我半認真的告訴他，我完全支持他的決定，只要那是他真心要做的。兩個星期後他告訴我，樂團決定解散，從長遠來看，團員各自去上大學可能對每個人更好。假使我當初設法遊說他放棄樂團，我猜想，他很有可能會犧牲大學，只為了伸張他的獨立性。

然而，有時候，你覺得自己怎麼做都不對。有一天，我接到女兒寫來的一封信，內容至今仍銘刻在我腦海。之前我對她的事業選擇提出疑問。「你向來都是這樣，」她寫道：「對兒子期望太高，對我期望太低。」而我的本意只是要她別有太多壓力。無論如何，大致來說，他們會安然度過教育的問題時期，留下你一個人自問，我幹嘛那麼認真的為選擇學校緊張，又何必忍受那些沒完沒了的晚上，聽朋友爭相吹噓自己兒女的學業成績或其他成就。你好不容易才終於覺悟，發現事情的真相糟透了：他們的真實教育是在家裡進行的，而那時你正忙東忙西，設法過自己的日子。他們觀察、學習你，然後有一天決定要走跟你相反的路，或是仿效你，而你弄不清哪一樣比較好，因為多數時候，你並沒有用最好的行為樹立榜樣。

照顧家庭從來不是一件容易的事。維持家庭的團結，並且保持成員的獨特性，這當中的平衡需要感覺敏銳，也需要折衷讓步。伊麗莎白用她的「拼接」技巧，在家庭肖像裡捕捉這份飄忽的平衡。每張肖像裡團體都居於舞台中心，但包含在全貌中的還有每個人的獨照。她要每個成員選一樣最能說明個人特質的東西，置於身邊，或是擺一個最能表達自己某項愛好的姿勢。起先，家中的年輕成員連想到全家一起照張相都很抗拒，但等到他們明白可以擺出自己的本來面貌，而非只是某某人的兒子女兒，他們就會變得很熱心，開始參與。

在任何團體或任何關係的核心，也有同樣的平衡。最好的婚姻是讓雙方有各自獨立的空間，也有緊密相連的空間。我和太太在工作上密切合作，但我們之所以能成功，是因為我們在不同的空間做不同的事。任何人如果走進我們的工作區，會立刻明白我們有不同的組織方式、不同的流程、不同的習慣。我們都做菜，但是我在鄉間下廚，她在倫敦下廚。我們的煮法不同，因此增添吃飯的滋味，也減少了單調。我們住在一起，但不會密切得過分。

父親在去世前好幾年給了我一個縐縐的信封。「現在我再也不會去看它了，所以，還不如給你拿著。」信封裡裝著我們的族譜，裡面追溯到最早的一位祖先，據說是愛德華一世的私生女。耐人尋味的是，這上面看不出我的祖先做了什麼，只除了一個重要的事實，就是他們都有後代，否則我就不會在這裡。他們是一連串長鏈裡不可或缺的部分，鏈子最後接上了我，現在又接到我的兩個孩子身上。因此我很高興，伊麗莎白和我使這條長鏈持續下去。我想，聖公會（Anglican）的證婚儀式到底沒錯，它列出婚姻的理由：第一，為了生育和教養兒女；第二，為了合法的性行為（我只是把意思翻譯出來）；第三，為了「雙方應該享有的互相陪伴、幫助和安慰，順境或逆境都不改變。」

## 當孩子變成朋友，就表示這個家庭是成功的

近年來，令人興奮及安慰的是，我們看到自己的孩子加入我們「互相陪伴」的陣容，而他們多年前就已經不再是孩子了，而更像是我們的同伴，甚至是導師。在這個新世界，他們在很多方面都比我們有智慧，他們關心我們在某些領域的天真，也操心我們似乎流露出來的體力日衰，很令人感動。當孩子變成朋友，你就知道這個家庭是成功的。

今天的世界有時候彷彿在各方面都愈來愈破碎分化，身處其中，我們都需要一個歸屬的地方，這似乎是我們的天賦權利。組織不算數，它們的壽命不夠長，而且當我們的技能開始落後，組織很容易把我們拋棄。鄰居會搬走失去聯絡；許多男女關係最後證明是一場短暫的羅曼史，當時雖然熱烈，卻轉瞬即逝。然而，家庭永遠在那裡，即使時不時需要把家人關係除舊布新一番。預測家庭會衰亡的人之後會證明是錯誤的看法。家庭或許會改變型態，但永遠不會消失。家庭很重

要，但是需要養分。溝通就是關鍵；在沉默中，猜忌和嫉妒會四處蔓延。我們只要有機會就會全家一起慶祝，婚禮、節慶、大的生日和重要日子的週年慶，甚至包括葬禮。事實上，任何大吃一頓的藉口都好，我們的理由是，能好好一起吃飯的家庭，將會長長久久的好好一起活下去。

在吉隆坡的那個雨夜，我在雞尾酒宴會上遇到伊麗莎白時，完全沒有想到我們的結識有朝一日會滋生出一個新家庭，或者應該說是一串家庭裡的一個家庭。我必須承認，我的心思那時還很短淺。現在回顧起來，我生活的其他部分和我的家庭相比，全都退到無關緊要的背景。家庭及家庭的一切，是發生在我身上最好的事情。此刻，當我們的兩個孩子忙著投入自身事業時，我也有我的事業要照顧。

# 第十六章

# 大師的時代

人生有時以很神祕的方式展開。正如混沌理論裡那隻傳說中的蝴蝶，它在中國搧了搧翅膀，就促成地球另一邊的風暴形成。因此，在我們的個人生活中，距離遙遠、毫無關聯的事件，能啟動其他事情一件一件開始運作，到最後可以改變我們的命運。我的命運就是這樣改變的。

我從來沒聽說過麥肯錫企管顧問公司（McKinsey）那兩個名叫湯姆．畢德士（Tom Peters）和鮑伯．華特曼（Bob Waterman）的顧問。絕大多數人也沒聽說過這兩個名字。但是，一九八二年他們兩人出版了《追求卓越》（*In Search of Excellence*）那本書，推出成功企業的八個配方，並舉出他們認為遵從自己訓諭的現有公司例子。可讀性高，令人振奮，深具吸引力，是商業書籍中的異數。書還沒在英國出現以前，我收到了一本美國版，我知道自己遇到一種全新類型的書。我暗自期盼英國不會有人聽說它，因為這樣一來，我說不定能竊取裡面的一些慣用詞用來教學。這個指望沒有實現，那本書暢銷全世界，學生來上我的課時，已經記牢裡面的訊息。

書中並沒有講任何革命性的東西，但講的方式是革命性的，例如，書中提出「堅守本業」、「接近顧客」、「寬嚴並濟」這種配方。到今天，這些都是常見的「企業須知」，但當時對很多經理人來說，卻是從沒見過的嶄新觀念。畢德士和華特曼做的，就是把管理理論從學校課堂裡拿出來，放進公眾領域。畢德士繼續寫了好多書，同時自己也走上講台，使全世界的經理人在台下聽得激昂無比，他以兩天時間，用激動人心、幾乎可說是宣傳福音般的表演，娛樂、刺激、挑戰聽講的人。他以各種不同的詞彙描繪自己，說自己是牛虻、守財奴、提倡大膽失敗的人、混亂之王、活力大師、企業啦啦隊、煩人精。這些自我形容讓我們感受到他的人和他的吸引力。他的書充滿真人、真實企業的故事。儘管第一本書裡引用的所謂「卓越」公司，後來有不少已經淡出業界，但仍減損不了他的熱情或吸引力。儘管有人開玩笑，說公司被他的書提到會是一個惡兆，代表麻煩即將降臨，但是畢德士只說，那些公司沒有堅持它們一開始的正確做法。

## 一個人是怎麼變成大師的？

畢德士是真正從管理教師變為公眾表演者的第一人。《財星》（*Fortune*）雜誌稱他為原始大師（Ur-guru），《經濟學人》說他是上師（Ober-guru）。杜拉克（Peter Drucker）寫得比他多、比他久（杜拉克二〇〇五年去世，享年九十五歲，直到臨終仍執筆不輟），而且可能是所有這些人當中最有智慧的，但是他寧願說自己是作家，而且事實上，他在講台上並不是特別好的表演者。誰最早用「大師」（guru）這個字眼形容畢德士和他的同僚已經不得而知，而這個詞本來也不怎麼適合。杜拉克有次開玩笑，說記者想到這個詞是因為「江湖郎中」（charlatan）太長了，報紙標題放不下。[14]這些管理大師並不培養徒眾，也不在任何管理殿堂裡當住持，但是他們確實宣稱懂得組織的某些真理，知道組織應該如何管理，而且從不怯於宣揚自己的信念與觀念。如今有大師排行榜的存在，根據受經理人歡迎的程度，列出前五十名左右的表演者，而且也有公認的大師核心成員，有點像職業網球選手一樣。其中有些大師估計每年至少演出一百場，通常收取的費用相當於歌劇明星，廣告宣傳的陣仗也不相上下。

一個人是怎麼變成大師的並不清楚。你不能申請加入一個俱樂部，因為實際上並沒有正式的大師俱樂部。你也不能提名自己為大師，這是媒體或經手管理這些人的演講經紀公司賜給你的頭銜。大師絕大多數是美國人，因為這類研討會絕大多數在美國舉行，不過隨著全球市場的擴大，現在也擴散到其他地方了。在一個恰到好處的偶然時機，正當畢德士和大師現象開始流行時，我的書《非理性的時代》（*The Age of Unreason*）正好於一九八九年在美國由哈佛商學院出版社印行。這本書的封面上，有畢德士十分友善的一句溢美之詞，把我納入他的光環照耀範圍內。很幸運的，我那本書得到一些人的共鳴。書中內容包括預見縮小經營規模（downsizing）、將作業外包（outsourcing）的組織，後者被我命名「酢漿草

14 譯注：guru 一詞本義是印度教的精神導師。

組織」（Shamrock Organisation），酢漿草的三片葉子分別代表核心員工、承包人員，以及獨立的外來專家或臨時員工。之所以用酢漿草的比喻，是為了強調，雖然有這三類不同的工作人員，但他們其實是同一片葉子，都屬於同一個組織，是夥伴與盟友，不是承包商。我主張，語言會塑造態度。

## 我們完全被你說服

有一次在美國的一場研討會上，一群人穿著酢漿草圖案的T恤朝我走來，我暗自覺得好玩。「我們公司已經改名為酢漿草公司，」他們說：「因為，我們完全被你的想法說服了。」我祝福他們，希望他們不會步上畢德士效應的後塵，太快垮臺。那本書帶來的一個後果是，一個演講人組織跟我聯絡，跟我簽了一個試驗性的一年合約。那個經驗很怪。我不喜歡看到自己出現在一份型錄上，連照片都一應俱全，旁邊還有三十個左右其他講員，像商品一樣供有興趣的人選購。成為郵購目錄上的商品可不是我希望的未來。一年後，我從他們的名單告退，但是那份型錄把我的名字放進大師俱樂部，雖然大多數人以為我一定是美國人。

伊麗莎白變成我的正式經紀人，她也是我的形象和名譽的監護人。那時候，她反正已經成為我的專任攝影師，她不允許其他人為公開用途替我拍照。我們一起為我的演講工作訂下幾條規則。我們都同意，只跟我們親自見過面的人一起工作，這樣彼此就多少存在著關係和信賴。每年我們最多做十場演說，演講對象或演講所在的國家必須能給我新的挑戰，而且時間只在冬天那三個月。其中五場收取費用，另外五場是為了幫助某個值得支持的目標或計畫，只按開支實報實銷，我們希望這樣會有足夠的收入，無須負債度日。夏季的月份，則需要保留給伊麗莎白的攝影工作。

我下定決心，不能讓這些零工（gig，大家是這麼叫這些演講的）主宰我的生活，而且我必須從中學到新東西。它們之所以對我有用，在於我可以去新的地方、認識新的人，這也是為什麼我喜歡整個活動期間都待在那裡，假如情況許可，先去一兩天接觸當地相關的人。同時，這些演講也提供我一個很有價值的機會，讓我測試自己下本書裡的新想法。我寫書就是給那些聽眾看的，假使有個想法在會議廳或研討會上不被認同，我就知道得重新想過。

基於我們的規則，每次演講活動（多數在國外）可能要花掉我們五、六天時間，如此十次演講就夠多了。我真正的工作是寫書，然而，如果沒有演講的試驗，恐怕我的書會與現況脫節，或失去可讀性。別的作者把稿子寄給朋友或同僚，徵求意見，我則是求助於我的聽眾。「你不需要記筆記，」我會跟他們說：「過不了多久，就會印在書裡。」我在牛津學會一件事，自己怎麼說就怎麼寫，因為我們必須大聲讀出自己的文章給導師聽。我實在沒辦法一口氣唸出包含好幾個子句的長句子。我總是告訴自己，句子寫短點，雖然我並沒有完全成功。

在我早年寫作生涯中，我還聽過一個「濃霧指數」（fog index）的說法。濃霧指數的算法是，以一頁的字數，除以句點的數目，得到每個句子的平均長度，然後在那一頁每碰上超過三個音節的字，或碰上一個專業術語，都得再加一。我的書每頁的濃霧指數是十八，《太陽報》（*Sun*）的指數平均低於十，《經濟學人》經常超過三十。你必須評量一下你的聽眾，知道他們的注意力持久程度，以及對題材的了解深度，但是就算聽眾熟知你的題目，假使你的濃霧指數超出二十，我很懷疑你還能不能抓住現場聽眾的注意力。我向來不寫講稿。直接對觀眾講話、沒有筆記的部分原因是為了控制句子的長度，這也讓我跟聽眾總是保持目光接觸。然而，我因此必須事先記住講話的內容，這為我帶來許多個失眠的夜晚，以及上台前的緊張情緒。「這對你很簡單，」我當演員的兒子說：「你只要背自己的話。我得背莎士比亞的話。」

「是啊，」我回答：「但是莎士比亞的句子有節奏，有時候還押韻，而且他沒有一個獨白要講五十分鐘。」不過，你的確要小心，濃霧指數不喜歡**imagination**（想像力）、**mellifluous**（甜美流暢的）這樣的字，因為音節數目多。太僵硬的遵守指數，會把創造性、詩意和美感都給濾掉了。

## 虛假的語言只會創造虛假的神話

在我六十幾歲的階段，大師這件事給我們的生活增加興味、刺激和旅行機會。跟我生命中其餘許多事情一樣，我的起步總是比人晚。當同年齡的人在考慮退休時，我發現自己比以前更忙。好在，年紀在大師的世界裡似乎無關緊要，重要的是他們提出的觀念和表達的效果。隨著眾人移向知識和資訊經濟，這點在愈來愈多的行業中也是事實。你的鋼琴調音師可能是個八十多歲的盲人，但是如果他的聽力還很好，他的指頭還靈活，你就不會在乎；鋼琴音準是唯一重要的事。這也是創意世界裡每個人都面對的情況。只看重才能，不歧視年齡，不在乎膚色，也看不見身體殘障。我在書桌上放了路西安·佛洛伊德（Lucien Freud）[15]自畫像的複製品，是他八十歲時畫的。放這幅畫的目的是提醒自己，重要的是工作成果而非年齡；路西安·佛洛伊德的工作是藝術，而我的工作是提出及表達觀念。

什麼觀念？誠實的說，我的觀念很少有原創性；我用什麼字句來表達，才是關鍵。我仍然珍視第一本書出版後所得到的書評。一開頭它說：「這本書沒有任何東西是以前沒人說過的。」我的心一沉。然後，它接著說：「但是可能以前從來沒人讀到過。」作者完全抓住我第一本書的意圖，我是把組織相關的已知研究，用學生所能意會的語言整個翻新一遍。

那個時候是一九七六年，當時，論文研究的語言（多半出自美國）令人困惑。今天令人困惑的則是組織自己創造的虛矯語言，跟實際發生的事情毫無關聯，經常缺乏真實意義。所有的專業和職業都有自己的密碼和術語，儘管會讓沒學過這套專業語言的人摸不著頭緒，但至少它們運用起來很有效。管理學卻經常做得過火，語言誇張到要不是成為毫無意義的陳腔濫調，就是太過艱深，只有少數內行人能解讀。但是經營一個企業不能只靠少數內行人。這樣的例子不勝枚

15 譯注：英國畫家，精神分析創始人佛洛伊德的孫子。

舉。每個組織都宣稱它們非常關切顧客，甚至對顧客充滿熱情，但是假使你花了四十分鐘還打不進它們的客服電話，你可能會懷疑真實性。每個組織都承諾員工是最寶貴的資產，連正在大量裁員的公司也都這麼說。所有企業都有一個策略發展計畫，其實，多半時候這個計畫不過是當前情況的投影。每家公司都誓言要達到卓越，以躋身世界級為目標，但研究顯示只有非常少數的公司能辦到。結果，這些詞彙不再具有清楚的意義，它們成了管理的新八股。

然後，還有那些新的術語，是專業經理人、企管顧問、商學院，甚至某些管理大師提出的：組織再造（Re-engineering）、核心能力（Core Competences）、即時生產（JIT）、六個標準差（Six Sigma）、三百六十度回饋（360-degree Feedback）、客戶關係管理（CRM）、社會網絡分析（Social Network Analysis）、全球化（Globalisation）、形式競爭（Format Competition）、投資報酬式行銷（ROI Marketing），這些只是偽術語的幾個例子，它們使原本不言而喻的事情變得很偉大。有家銀行宣稱目前「在全球所及之處進行槓桿操作，藉著提供一扇多元市場的大門，提供顧客有效的財務解決方案」。我想它只是在說，不論顧客在哪裡，它都能提供幫助。這種偽語言創造虛假的神話，彷彿任何管理上的麻煩都有技術性或專業性的解答。

## 組織不是機器，人不喜歡被當成東西

但我相信，實情大相逕庭，而且簡單得多。組織不是機器，能被簡潔俐落的設計、圖示、評估、控制。某些特定的作業單位能夠如此做，而且也必須如此管理，因而騙倒了許多人，以為整個組織只是把單一計畫放大。這是邏輯學上所謂的類型謬誤。長久以來，管理理論學者全盤接收工程語言作為己用，拿來描述組織的運作方式。人是人力「資源」，是可以拿來支出、分配、控制，並隨時應需要而調派的「東西」，簡而言之，他們受到管理。在日常語言中，東西才被管理，人不被管理。說影音設備的管理還有道理，但是不要把技師也算在內。

這個詞本身就很混淆。我們用管理（manage）這個詞時，意思常常只是應付（cope）。當你對配偶說：「How did you manage today?（你今天過得怎麼樣？）」你並不期待得到一個跟動機理論有關的回答。這個詞甚至可以指找出時間、想到辦法去做一件事，例如，「Did you manage to fix the car?（你的車有沒有修成？）」經理人使用東西和機器的語言去掌握組織的運作，於是在不經意間使工作變得更困難。人不喜歡被當成東西，也不喜歡被當成問題去應付或解決。假如我們用的詞不能表達我們的意思，最好改變用詞，而不是去改變詞的定義。我們不是在愛麗絲夢遊仙境的世界，在那裡，我們可以讓字詞代表我們想要的意思。在現實世界裡，扭曲詞義只會把聽的人弄昏頭。組織不是機器，這是我所有書的中心訊息。組織是由個人組成的活生生的社群。要描寫組織，我們需要使用社群的用語和個人的用語，也就是混合政治上和日常生活裡的用詞。領導人（這個詞來自政治理論，和「管理人」一詞不同）的根本任務，是把這些個人的企圖心和需要，跟他們所屬的較大社群的目標結合起來。

就算你不是天才也可以看出，如果領導人知道社群的目標是什麼，又能使每個人認可其重要性，那麼領導的任務就容易多了。社群的組成分子也必須有能力擔當任務。一般而言，如果大家知道自己必須做什麼、為什麼要做，如果大家有執行的技術，能得到信任盡力而為，並且在完成時得到適當的獎勵，那麼，社群就更有可能達成本身的使命。當然，這全都是說來容易、做來難。但是，用光鮮體面的語言或縮寫去裝點門面，並不會使任務變得更容易。

## 明星隊的表現往往不會最好

我的信念是，多數人對於組織要怎麼成功運作有基本的了解。他們只需要人提醒，需要得到鼓勵去把自己的知識運用到工作上。倫敦商學院已經過世的蘇曼特拉．哥夏爾（Sumantra Ghoshal）曾經這麼描寫杜拉克，說他是在研究常識。如果有人這樣說我，我會很高興。比如，如果在某個使命或宗旨訂立之初就有機會參與，大家更可能會為了達成目標而貢獻心力，而這只不過是常識罷了，不需要任何研究來證明。同樣的，你也不必等看到了研究才會知道「團體要比單打獨鬥的個人更可能做出比較好的結果」。明星隊並不一定是表現最好的隊伍，甚至往往也不是表現最好的隊伍，因為個人意志阻礙他們互相分享。真實故事改編的電影《贏家》（*True Blue*），描寫牛津大學划船隊開除傲慢難纏的國際划手，改以二軍划手替代，結果擊敗了劍橋隊，贏得勝利，那就是一個鮮明的例證。我們都有不同的能力和個性，把合適的人放在合適的夥伴旁，事事順利；弄錯了，結果會是一團糟。那只是常識，即使不常被實踐出來。

大家憑本能都知道，一定要有信任，組織才能成功，包括團體成員之間的信任，彼此相信對方會盡力去做，而且不會扯自己的後腿，也包括對團體領導人的信任。雖然沒有明文規定，但大家自然知道，信任不是與生俱來的，必須努力去贏取。爭取信任不只靠你的作為，也靠你的為人；還有，信任很脆弱，一旦失去很少能復原。大家也知道，我們很難仰賴那些不認識的人，或只靠電子通訊接觸的人，我們不需要精密的研究來展示這個基本真理。如果一個組織存在互信，就不需要設定重重規定，到處安排稽查關卡跟稽查人。組織常花太多時間在確保本該發生的事情的確會發生。如果大家知道自己該做什麼，而且有能力做到，就應該任憑他們自由去做。

## 將聯邦制應用在組織上

我常常要高階主管列出名單，有哪些人他們夠了解、認識得夠久，萬一自己不在而公司出了麻煩，這些人是他們相信能做正確決定的人。他們很少能列出超過二十個名字。這點顯示，如果組織要真正做到高效率，並且達到運作成效，就應該把作業單位設計成二十個人以下。理論上，這似乎很浪費。組織總是想修正這個設計，很樂觀的希望經濟規模的邏輯能戰勝對於信任與密切關係的心理需求，希望每個人都會盡最大努力使公司成功。然後，當他們希望落空時卻又感到驚訝。這對大型組織來說尤其困難，因為大型組織的存在往往就是基於經濟規模。既然規模和信任都有必要，那麼組織有沒有可能同時擁有兩者呢？能不能結合大與小？來自政治學的答案是：可以。聯邦制（federalism）剛好就是經過考驗的成功方法，聯邦制要怎麼運作，已經有經得起時間考驗的明確原則，我們可以從讀《聯邦論》（*Federalist Papers*）開始，那是美國憲法的理論根據。我們必須做的是，把那些原則運用到組織上。

我的另一個信念是，我們不需要重新創造一套組織理論。現在有愈來愈多的組織，其運作仰仗內部人員的能力，因此這些組織必須開始以對待專業人員（技術和能力獲得認可的人）的態度對待那些人，包括組織最底層的人。所以，我們應該去看看我們傳統上是如何經營專業組織的，以明白有沒有什麼東西可以從那些有數百年歷史的機構身上學來。

我對讀者和聽眾說，上戲院看戲去。當你等待布幕升起時，先看看節目單。每一個跟演出有關的人名字都在上面，不管他的貢獻多小。大家都喜歡被視為個人；劇團談論旗下演員時，不說他們是人力資源；要是有劇團那麼做，沒人會為它工作。拿起節目單，再看仔細點。「經理」（manager）的字樣是保留給那些負責管理「東西」的人，像是舞台經理、燈光經理。而且，這些有經理頭銜的人，沒有一個名字的字體是很大的；大字的榮耀給了那些直接跟顧客溝通的人，也就是演員。演員是被指導，而非被管理的，而且指導者等到計畫一上路，就會離開現場。換句話說，導演信賴全體演員有能力獨立工作；而演員往往在導演離開後，能繼續改進演出。信任能激勵人心。還有一件事，每場表演結束時，觀眾會表達對演出的欣賞程度，這個回饋來自真正重要的人，大家不需要等待一年一度的表現評估。

榜樣隨處可見，只要你願意睜開眼睛去看。在專業性和服務性組織裡，直接接觸客戶的人，對於組織給人的第一印象（往往也是難以抹滅的長期印象）要負起最大的責任。那個人也許在電話客服中心，也許是修理機器的人，或是坐在櫃檯後面的售貨員，甚至可能是為你上菜的侍者。然而矛盾的是，通常出現在客戶眼前的人拿的薪水最低，這使管理的任務更不容易。說你對我們公司很重要，而給你的報酬卻是另一回事，誰會相信？出於對個人特質的儀式性重視，組織為這些人別上名牌作為彌補。這騙不了任何人，員工和顧客都不會上當。

因為組織是普通人的集結起來，我認為從我們的日常生活就能汲取必要的教訓。我們怎麼學習，如何跟自己有所求的人建立關係，或跟必須一起生活的人建立關係，都能提供工作世界一些榜樣。不管在家、在辦公室，生活就是生活。一開始，我的故事都是從商業個案研究中提取出來的，但是我發現，大家對於一般生活裡的故事，要比不曾經驗過的組織裡的故事，更容易引起共鳴。因此，我的任務是顯示那些生活故事如何應用在工作世界上。

我也深信，大家會覺得圖像要比觀念容易記憶，圖形在腦子裡的壽命要比術語長。我喜歡在演講中穿插圖片，用的往往是伊麗莎白拍的照片，或是藝術作品。我發現，偉大的藝術之所以偉大，至少部分原因是它十分辛辣的處理人類的困境，或表達出人類情境的某個面相。瑞秋・懷瑞德（Rachel Whiteread）的雕塑作品以水泥或塑膠模擬熟悉物品的內部或底部，例如椅子或樓梯的下側，使環境中大家看不見或不注意的點點滴滴現出原形。她的雕塑提醒我去看事物的內在，瞥一眼那裡有什麼是多數人忽略的東西，就像那些呈現在顧客眼前的員工。我常想我們的未來有些線索此刻正在發生，可是多半無人察覺，譬如，獨立或自由工作式經濟的崛起，或是公司法由所有權轉向責任權。我向聽眾提出這個觀點：創新，也可以來自比別人先看到樓梯下沒有人注意的空間。

## 資本主義以自私為前提，這是個灰暗的假定

好故事和好比喻，也能喚起大家心中的圖像。酢漿草是我早年用的比喻。S曲線則是另一個比喻：生活與改變的兩條曲線，為人類困境提供一個視覺圖像。我告訴迷惑不解的聽眾，夾心甜甜圈可以是設計有效組織的關鍵。（見圖3）在任何一個工作裡，果醬（就是夾心甜甜圈中央的東西）代表必須完成的任務，麵

圖3

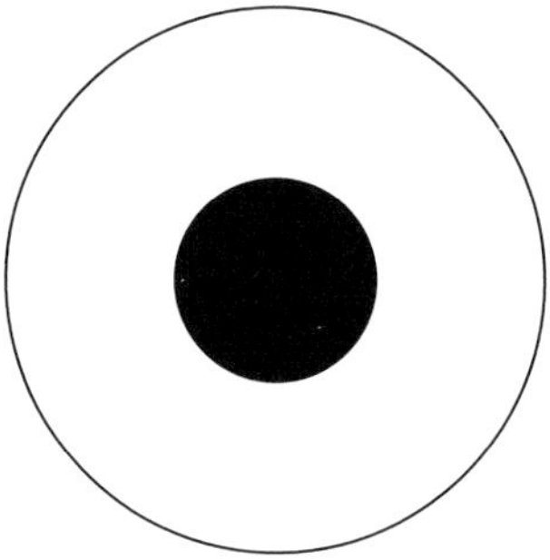

團則是創新行動的空間。只有果醬、沒有麵團的夾心甜甜圈，等於剝奪個人（或者單位）提議新做法的責任。麵團太多，而當中的果醬太少，那麼組織就無法掌控核心任務。不過，大型甜甜圈需要清楚了解組織的使命，成員必須同享完成使命的熱情，要不然，主動倡議的空間可能被濫用，導致體積逐漸縮減，以致於動機喪失殆盡。如果只有目標，而容納不下自動自發的倡議行動，則是完全沒有麵團的甜甜圈，這是行不通的。所以，夾心甜甜圈是以圖像方式來看待適當授權。一個聯邦式的組織，在本質上是很多迷你甜甜圈組成的大甜甜圈。每個小甜甜圈弄對了，使核心與自由的空間取得適當的平衡，整體自然水到渠成。我甚至曾經用夾心甜甜圈來描寫現代資本主義的困局：太少人得到太多果醬，而太多人被留在麵團裡。

酢漿草、夾心甜甜圈、划船八人組（rowing eights）、組合式生活，都是我把抽象的觀念轉譯成好記圖像的例子。它們是我所認為的低解析度觀念，無法明確的定義，也不能告訴你去做什麼，本意只是用來刺激思考，並非取代思考。我的目標是替眾人解釋他們身處的世界，不是告訴他們怎麼應付那個世界。我覺得，假使我認為自己比他們更知道怎麼過他們的日子，或怎麼經營他們的組織，我就是在侮辱他們，小看他們的智慧和獨立性。但是，如果我能幫助他們更了解本身的處境，或許會讓他們更加看清自己正面對什麼樣的風險和機會。

然而，漸漸的，我已經從處理「怎麼做」的問題，轉移到「為什麼」的問題。是蘇格拉底式的衝動使我不斷發問：為什麼我們需要這種龐大組織，而絕大多數人並不愛為它工作？為什麼我們以這樣的方式對待員工？為什麼我們要過這樣的生活？成功有許多不同的形式，為什麼我們選擇的是這種形式？為什麼我們都同意世界上有這麼多不合公理正義的事情，卻不做任何事去改變它們？為什麼我們仍然緊抱著心中的神祇不放，儘管我們的期望落空？世人對金錢的欲望是不是太大？資本主義要為此負責嗎？或者，更符合實情的說，要怪我們對資本主義的解讀不恰當？

我告訴那些當主管的聽眾和讀者，要使世界成為更好的地方，除了有那麼一套市場開放的經濟體，由法律細心監管，使它們保持合理競爭，此外我就想不到其他更好的機制了。但是，「使世界成為更好的地方」這句話，正是我們在資本主義的論述中找不到的。按照目前所見以及現有評估，資本主義是拿自私當做驅動力，而自私那個玩意很容易會發展成貪婪。資本主義假定，在狗咬狗的世界裡，「凡事為自己」是人性的一部分，而競爭是寫在我們的基因中。這是相當灰暗的假定，未必就是真實情況。我們大多數人都有利他的基因，大多數人除了想從世界得到東西，也想貢獻東西。就我看來，危險在於資本主義的語言，那個語言經過資本主義的工具和衡量標準的強化之後，會把我們囚禁在連我們自己都不見得相信的目標裡。但是，當一個比較野蠻的資本主義版本正風行於世上的時候，我們大多數人除了一邊服從刻板的典型，一邊不滿的嘟噥，還能做些什麼呢？

## 光是每年繳稅，然後把一切問題交給政府是不夠的

因為資本主義的論述指令是「更多就是更好」，因此企業在銀行家和企管顧問的支持和推動下，不斷買下競爭對手，即使所有證據都說，只有在少數個案裡，顧客或股東才會因此得到更多利益。那麼，為什麼它們還繼續這麼做，為了創造出大到超過屬於人類規模的組織？為什麼在報告年度業務活動時，組織只提自己得到的結果，很少提到顧客或整個世界得到什麼？我必須假定，原因是「更多被認為是更好」，不管是更多權力、銷售業績，還是影響力。然而我們知道，在生活其他很多方面，在其他組織裡，更多並不一定更好。有時候我對企業主管

提議，假如去問一個交響樂團未來一年的成長計畫是什麼，他們大概不會提到要增加團員，甚至不會是增加演出場次，而談得更多的會是增加曲目和聲譽。沒錯，更多錢會有幫助，但那只是達到那些目標的一個手段而已。對其他藝術組織或學校而言也一樣，往往規模愈小愈好。有次我在美國加州的納帕谷（Napa Valley）跟一個種葡萄的人見面，他告訴我他的目標是使業務成長，我環顧四週，說道：「你要去哪裡找更多的土地，還是你想收購鄰居的地？」

「噢，我的成長不需要大，」他回答：「只要更好。」

為什麼沒有更多企業那樣想呢？我不明白。

我一貫主張，企業誤把手段認作目的，而且將永遠錯下去，除非我們的社會在政府的支持下重新定義那些目的，使目的與更多人的需求相關。我相信光是每年繳稅，然後把其餘一切問題交給政府，是不夠的。

或許無法避免的，我的意見反映我的價值觀。我的確關切個人勝於組織，畢竟，後者只是前者的工具。我相信，假使組織能更重視個人（組織就是個人所組成），它們會發現組織的目標將更容易達成。我相信廣義而言，組織是社會的僕人。組織的存在是為了提供我們需求或渴望的物品和服務。我們希望組織以高效率、高成效的方式做到這點。在理想狀況下，組織和我們的利益應該相符，不過，唯有當組織把目標訂高，高過延續自身生存時，其繁榮興旺才會達到最高點。那些只為一己之利工作的組織及個人遲早會發現，他們是自己最糟糕的顧客，因為他們從不滿意，很少道謝，而且不留任何遺產。在今天富裕的現代世界裡，成功的定義反而是一個棘手的問題。從前選擇比較少的時代，事情反而簡單得多。現在我們有很多選擇，卻沒有一個好的選擇標準。連企業主管也必須是哲學家。

# 第十七章

# 帶著麥克風旅行

我有沒有興趣給加爾各答（Calcutta，現在改名為Kolkata了）當地的商界人士辦一個管理研討會？英國領事館問我，他們聽說我要去澳洲，途中可能會經過印度。英國領事館是個值得佩服的機關，工作人員優秀，但是經費不多，他們能提供的費用非常少。但是，我的經紀人伊麗莎白創意十足。「別付錢給他，」她說：「但是你們一定有很好的人脈關係，所以，可不可以替我們安排跟加爾各答最有意思的四個人單獨見面，每個人一個小時？」

## 實情是，我不是個很好的觀光客

於是，我們私下單獨見到總督，他是個樂天的馬克思主義者；見到德蕾莎修女，還見到大學的副校長，以及當地一位著名的藝術家。這樣的經驗是用錢買不到的。從此規矩訂下了。我們在全世界好幾個國家都做了類似的約定，招待我們的地主有關係、地位跟影響力，可是沒錢。有時候，他們安排的是和政治家或民間領袖單獨用餐，有時是拜訪當地的企業、學校、博物館或歌劇院，跟這些機構的負責人碰面。這不但使我的演講或研討會與當地人更相關，也是認識這個世界與各色人等的有趣方式。

實情是，我不是個很好的觀光客。我不怎麼喜歡參觀著名景點，或是在傾圮的古蹟裡爬行，只為了說我到過那裡，或是把景象存在我的記憶庫裡。更確實的說，我可以說是所謂的社會學觀光客，我喜歡觀察一個國家怎麼運作，人民怎麼生活、工作，還有，要是可能的話，去認識那些人。不當偷窺狂而能辦到這點的最好方式，是在你想造訪的地方做點工作。這方面我一直很幸運，這些年來，我接到許多邀請，去世界的不同角落演講或開研討會，足以滿足我的好奇心，接待我的東道主也都願意跟我們分享他們的關係作為回報，而且似乎再樂意不過。

不過，任何對觀光客的協助，都比不上ＢＢＣ的麥克風。多虧他們那位具開創精神、能力又強的製作人，我有幸得到機會為ＢＢＣ策畫若干廣播節目。大多數人看到麥克風上那三個神奇的字母，ＢＢＣ，就會非常樂意對著它說話，只要他們知道你沒有什麼陰謀反對他們。在一個系列節目中，他們要我重訪我的生命旅程，探索自己對生命意義的宗教追尋。我回到出生地愛爾蘭，以及牛津、新加坡、美國、溫莎和托斯卡尼，去見現在住在那裡的人，並回想我當年在那裡的景況，以及我學到關於上帝和生命的事情。那是個無比吸引人的機會，沒有幾個人能以這樣的方式重述、重走一趟自己的生命旅程，看看自己離開以後世界有了什麼改變。

我很尷尬的發現不少事情，例如，我年輕時是多麼無知，我在其中一些地方荒廢很多時間，還有我花了很久的時間才長大，才不那麼關注自己的一切，而開始對周遭的人發生興趣。我記得一九五七年馬來獨立日（Merdeka Day）那天，我站在吉隆坡的一片草場上，看著英國國旗最後一次降下，取而代之的馬來亞旗幟升起，以紀念這一小塊大英帝國的舊日領土得到獨立。但是我也記得，那時我關心的是什麼時候才能喝到一杯啤酒，卻不關心我周圍剛剛獲得獨立的人民心裡的感受。

如果你幫別人拿麥克風，就不得不去聽他們說話。而每一次，在每一個地方，你都可以感受到有那麼一陣子世界是圍繞著你正站立的地方旋轉。對於你正在接觸的那些人來說，他們所在的地方的確是世界的中心。你在烏干達報紙上找不到跟歐洲有關的任何新聞，更別提英國的報導了，連正在倫敦舉行的四海一家演唱會（Live Aid）[16]都沒出現隻字片語。在紐西蘭，當地人竊喜他們的地圖把紐西蘭放在地球的正中央，而英倫三島屈居上方邊角的一小塊。等到差不多一個星期之後，當我回到自己的中心，英國東英格蘭（East Anglia）的田野，我發現自己很難回憶起不久前才離開遠在千里之外的城市，那裡的生活仍在進行。如果沒有重大的災難，如海嘯、地震或糧荒，沒有媒體的疲勞轟炸，我們不會被震出自己的世界；但是十天以後，我們又忘了這些事件。我是對新聞上癮的人，沒有報紙就如喪考妣，部分原因是它提醒我世界之大，遠超過我看得到的地平線。

16 譯注：關注非洲貧窮問題的慈善義演。

## 旅行提醒我們世界有很多個中心

這是我們旅行的另一個原因，旅行提醒我們世界有很多個中心，每一個中心對生活在那裡的人都很重要，他們關心的事跟我們很像，諸如生活、愛、學習、希望死後在世間留下典範。但是，他們的處境跟我們可以全然不同。例如，在我們旅行中伊麗莎白拍攝的大吉嶺採茶人，他很為自己的家人感到自豪，但是臉色嚴峻，一點笑容都沒有。我們不知道他的孩子長大以後會變得怎麼樣，可能他也不知道。他希望他們的日子更好，不要這麼苦，不需要在烈日下從樹叢摘下細小的茶葉，裝滿背上的袋子。茶葉公司蓋了一間很好的小學，免費開放給所有茶農的孩子，教他們讀寫算術。也許孩子因此可以離開，去城裡規模較大的學校讀書，之後到遙遠的德里去上大學。但是，大城市的生活真的比他們父母的鄉村生活更好嗎？

這又是關於進步的老問題了。更多就更好嗎？我們究竟能不能使這個世界停留在原地，還是，我們必須永遠不斷想辦法推著它往前走？那些綠色茶樹叢如波浪起伏，上面有遮陽蔽蔭的大樹，假使採茶人的子女去上了大學，這樣的田園風光會怎麼改變？他們會不會將茶園機械化，駕著巨大的機器穿過茶樹叢？他們已經有一家工廠把葉子碎成粉末，製作成即溶茶。那座工廠看起來像個小煉油廠，到處是煙囪和圓柱。他們說，這是市場要的東西。這也是進步，某種形式的進步。

你忍不住要懷疑進步的意義。市場的力量很無情，很難躲開，競爭很難避免。如果你不順市場的意賣東西給你的顧客，地球其他地方自然會有人聽從。這就是我們的全球化，一個沒處可躲的地球。可愛的、手採的、手工分級的大吉嶺茶，那種泡開來會附在杯子邊緣的茶葉，現在已經很罕見了，而且價格昂貴。我們珍惜每年從茶園寄來的耶誕禮物，但是每當我們品嘗的時候，不禁要想，絕大多數的茶葉如今跟很多東西一樣，都成了大宗商品（commodity）了。誰知道那個茶從哪裡來，或是怎麼摘採的？或者，採茶人的收入有多少？誰管那些？公平貿易運動（Fair Trade）的提倡人，還有理念類似的其他人，他們再怎麼努力，忙碌的購物者仍然只管買茶葉。市場把所有東西都推向一個公約數，推向一個物物皆相同的世界。這樣效率很高，但是很悲哀。與眾不同能給人喜悅。

## 跳蚤經濟體必須想辦法騎在某個大象國背上

就是因為這些差異，所以我喜歡人口少的小國，就像我的祖國愛爾蘭，以及烏干達、新加坡、紐西蘭、斯洛維尼亞，或是波羅的海小國：愛沙尼亞、拉脫維亞、立陶宛。要了解這些國家的狀況，對我而言比較容易。我稱這些國家為「跳蚤經濟體」，跟主宰國際貿易的大象國正好相反。它們的差異才是引人入勝的地方，它們樂於維護那些差異，作為抵禦全球市場複製力量的壁壘。它們絕大多數除了農田和人民的能力，一無他物。新加坡甚至連土地都沒有，但若以人口平均計算，它卻是世界上最富裕的國家之一。愛爾蘭也是，不過，那是近幾年才發生的。斯洛維尼亞和愛沙尼亞都值得注意，但要烏干達躋身富國，就希望渺茫了。紐西蘭會不會也成為一級的富國？為什麼它們一個個這麼不同？我在旅途中能從它們那裡學到什麼？

首先我能學到一點經濟學。根據我的假說，跳蚤經濟體如果能以某種方式騎在某個大象國背上，它們的表現就會非常好。愛爾蘭作為歐盟成員之一，受益很大。不只因為在它脫離開發中國家的過程中，獲得許多補貼和獎助，愛爾蘭政府以各種誘因鼓勵外國企業（主要是美國）在境內成立公司，也是一大幫助。基於語言相同，而且勞動力教育程度高、年齡較輕，而且工資暫時還算便宜，那些公司能以愛爾蘭作為前進歐洲市場的跳板。

有那些外來企業幫忙，愛爾蘭一下就從農業經濟轉為知識與資訊經濟，沒有經歷過去工業時代的煙囪工廠階段。年輕的愛爾蘭人熱情的迎向這個新世界。基爾尼企管顧問公司（A. T. Kearney）編製的國際化排行榜中，愛爾蘭名列第一，而且遠遠領先其他國家。它不但進口和出口的比例都比別國大，而且按人口比例計算，出國旅遊、撥打國際電話的比例也最高。歐洲一直善待愛爾蘭，但是愛爾蘭本身也做好了準備，二十年前就投資高等和技職教育，並且同時展開招攬國際企業的行動。一旦那些企業開始現身，愛爾蘭人就明白受教育的好處，尤其是科技教育。因此，凱爾克老虎（**Celtic tiger**）[17]於焉誕生。

紐西蘭的人口和愛爾蘭不相上下，而且跟愛爾蘭一樣，有很長一段時間跟英國市場關係緊密，而且十分依賴英國。英國這隻大象雖然有用，但是太遙遠。在英國加入歐洲共同市場後，紐西蘭從帝國保護得到的優勢已經結束，不再有大象可以當靠山，或是有出售貨品的對象。她需要另找一頭大象。澳洲不夠大，而美國太遠，所以大多數紐西蘭人想到了中國。此刻，除了日漸降低的農業出口，紐西蘭必須靠國內市場勉強過活，但因市場規模太小，無法讓小企業成長為具有國際競爭力的大公司。

不過，紐西蘭是個生活態度輕鬆的社會，地理位置離世界其他地方的危機很遠，生活水準也還不錯。紐西蘭人大多數都認為，假如因為工作太辛苦而錯過生活的其他方面，就太可惜了。我探視在那裡住了六年的女兒時，有天早上看到當地的水管工人來修理她的淋浴間，正在工作時，他的電話響了，顯然他還要去另一個地方，很緊急，水管工這行向來如此。結果，他的危機跟我的料想可不太一樣。他放下電話，對我女兒說：「抱歉，我得趕緊走了。浪頭正是時候。兩個小時後我就回來。」女兒眉頭沒皺一下，顯然在她住的濱海小鎮這是常有的事。

也許，這些老紐西蘭人是對的。生活不只是經濟，尤其當你住在美麗的土地上，馬路空曠，海灘無人。可是，要使公共服務的水準和世界其他地區相當，經濟必須成長。全球化的世界中，各國一定會互相較量，沒有人有本錢落後太多，因為最好的公民會出走。經濟成長是不留情的跑步機，沒人敢下來。總有一天，那些老紐西蘭人會需要自己的大象企業，以及一個大象國作為賣東西的對象。

17 譯注：愛爾蘭人屬於凱爾克族，這裡是比喻愛爾蘭的經濟成長跟亞洲四小龍（Asian Tigers）相當。

## 每個成功似乎都是另一個問題的序曲

這個相互連結的世界永遠無法休息，哪個國家停頓不前，就十分不智，而每個成功似乎都是另一個問題的序曲。更糟的是，假使這條路有個終點，最終這條路會引領我們到哪裡，沒有人清楚知道。或許這趟旅程根本不值得經歷這一切的麻煩，或許進步只是一個幻影，然而大家似乎沒有其他選擇，只有繼續走下去一途。一如生命的一切，我想。國家憑什麼跟我們不同？

全球化頂多只能說是有好有壞。至少沒有人能選擇不要全球化，連寡民小國不丹都辦不到；不丹已經逐漸被迫開放原本的封閉社會。現在沒有任何國家可以停下來了。然而，當企業和國家一直搶著向前，深怕科技落後時，全球化的確鼓勵、甚至迫使科技擴散到各地。毫不留情的追尋競爭優勢，使得奔忙的資本主義蜜蜂總是在尋找最新、最廉價的花蜜，永無止境。成本和價格因此得以降低，但是，蜂群也因此必須不斷移向更新的領域，將知識技術散布得更廣，就業和財富緊跟其後而至。那是好消息。壞消息則是，當蜂群移往下一個地方時，留下來的是一片真空，除非它們棄守的國度已經運用之前注入的金錢和技術，建立本身的人才庫，而且能保持人才不流往境外。

## 最好的人才都有個國際價碼

全球性的資本主義，本質上是貪婪、匆忙的。國家是以世代為考量，公司則是以年數來考量，最多五年。儘管它們本意是好的，社會學家爾文．高夫曼（Erving Goffman）曾經稱大多數企業跟地主國之間是「計程車」關係，親密而短暫。地主國必須趁公司還在境內時，盡量壓榨它們，並且忍受其造成的部分社會錯置（dislocation）的問題，不過，首先地主國必須吸引公司進駐。不幸的是，其中一種社會錯置的情況，似乎是經濟成長無法避免的後果。經濟成長愈快，最頂層和最底層的收入差距就愈大，即使像英國那樣，有個工黨政府誓言要縮短貧富差距，也沒有用。可憐的是，在收入差距增加的同時，健康惡化、憂鬱症和暴力在低收入人口中，似乎節節上升。這是個矛盾，經濟的成長經常帶來社會的衰退。天下沒有容易的事。

收入鴻溝的擴大，可以上溯至全球性的就業市場，在這個市場裡，能力跟勞動力就和所有東西一樣，可以跨國交易，因此最好的人才有一個固定的國際價碼，同樣的，在收入的另一端，勞工也有一個國際定價。既強迫成本下降，同時又強迫某些價格上升，這就是市場的乖張作風。贏者全拿，一如某本書的書名所說。[18]所以，富者愈富，而貧者呢，即使以絕對價值而言他們的收入是多了，卻被拋到更後面。我並不清楚要怎麼才能扭轉這個趨勢，不過，我們當然可以採納更多方法來提高下限，把最窮的人帶進市場經濟，使絕對的貧窮成為歷史。這對我們也有好處。到頭來，假使富人想要不斷變得更有錢，他們必須先協助窮人變得有錢一點，這樣整個世界經濟才能以級數成長。你說怪不怪？問題的起因是國際市場，而最好的解決方式也是國際市場。但是，這就是經濟學，曉得了吧。

帶著麥克風的旅行，讓我感到內疚。我覺得自己像偷窺狂，從外面觀看別人的生活，卻不動手幫忙。我基本上不受我們造訪地點的困苦環境所影響，但有一趟旅行卻不同。我們造訪南非時，是曼德拉總統（Nelson Mandela）剛被釋放之後數月，南非正步向首次真正的自由選舉。我被排定將對一個大型的人事研討會發表演講，我們的東道主好心安排我們去見幾位工會領袖和非洲民族議會（ANC）黨員。毫無例外的，他們拒絕譴責前政權，甚至連談都不談，他們的目光堅定的放在未來。之後的「真相與和解委員會」是個非常好的方式，讓大家勾銷前愆，同時對自己的錯誤行為負起責任。我再次明白，一個國家除非接受自己的過去，而且放下過去，否則無法往前邁步。假如它無法面對跟自己有關的真相，就會永遠困在老問題裡。我想到，愛爾蘭是在它停止為過去的苦難哀悼，原諒所謂的壓迫者，為自己的命運負起責任時，才開始向前邁步的。不管對國家，

18 譯注：這裡可能指威廉・加拉赫（William Gallacher）的《穩操勝算》（*Winner Take All*）。

還是對個人，這點都一樣，而且也一樣難做到。我離開南非時，印象很深刻，對南非人民充滿希望，儘管他們有那麼多的困難，我下決心要以他們為學習典範。

# 第十八章

# 七十歲生日

三年前的七月二十五日,我很早就醒了,躺在當時我們在托斯卡尼的公寓裡。當我明白那天是什麼日子時,不禁呻吟了一聲。突然,在剎那之間我已經七十歲。一道命運之線已經跨過,抵達了古稀之年。我的至親都聚在一起,準備慶祝這件事。究竟我們在慶祝什麼,我自問?大概是慶祝我能活到現在吧。七月末,我看到窗外的托斯卡尼不可思議的下起雨來。這可是個預兆?

我照鏡子。老臉一張沒錯。這張臉屬於我嗎?我不覺得。幾個星期前在倫敦地鐵上,我注意到一個美麗優雅的衣索比亞年輕女子(還是蘇丹女子?),她露出微笑。「啊!」我想:「感謝老天,看來我還保持那麼一點舊日的風采。」然後我明白了,她要讓座給我。我臉頰泛紅,接受了座位,盡量不顯露我有多失望。我安慰自己,現在的八十歲,才等於以前的七十歲。或許我運氣和身體夠好,可以再過十年才真正變老。畢竟我還在打網球,只不過打得很差,每天早上還會游泳,不然就是騎單車、走路、喝太多紅酒,還在做全職工作。

## 死亡，現在是計畫範圍內的事了

不過，老態已經出來了，我看得到。我的背會抗議，如果我用得太過分的話。一大早，它有點僵硬，想穿襪子可得先坐下來。每天早上我要吞藥丸，為了有的沒有的原因。這些每天都在提醒我，生命有限。我想自己算幸運的了，沒有其他毛病。

死亡，現在是計畫範圍內的事了。它終於進入我這個世代。父母、姑姑阿姨、叔伯舅舅的去世讓人難過，如果他們已享盡天年的話，卻都是在預期之內。要到同輩的人開始死亡時，你才會覺醒，開始以新的興致閱讀訃聞，第一眼是看逝者的年紀多大。我們近來參加的葬禮和追悼儀式更多，參加時總是很傷心，但我同時有種奇異的感覺，我感到內心的平靜，甚至幾乎可以說很愉悅。葬禮上有那麼多熟悉的臉孔，可以分享那麼多的回憶，我們感受到逝者曾經好好活過的一生，傷感經常因而沖淡。不過，離開時，我心裡明白自己的大限不會太遠。我對自己說，該把所有事情交代清楚，然後以樂觀的心情現身。人家說，要做好永遠活下去的打算，但每一天要當成最後一天去過。這個建議當然很好，可是有時在烏雲蔽天的日子裡，就很難做到。

但我不知道參加我的葬禮的人，會覺得我這一生曾經好好活過嗎？我十分有幸，歷年來獲得若干大學頒授的名譽博士學位。在那些場合，你通常得站在講台上，面對所有剛畢業的學生，聽其中一位教職員唸出你的成就或實際功績，說明為什麼致贈學位給你。感覺上，這是悼文的預演。我站在那裡時，常常在想我是不是已經死了。那些宣讀的文字總是褒揚。怎麼有其他可能？總不能批評接受致贈學位的人吧，因此說出來的只是部分真相。我們的真實生活經常避開公眾的注視，就連那些尋求公眾與狗仔隊注意力的人，也很少透露自己的全貌。我們本來應該最了解自己，卻不一定預備好去面對真相，但是當死亡逐漸逼近時，如果能誠實面對自己，看看自己過的是什麼樣的生活，失去的會少一點。

## 想像在最後一天怎麼評估這一生

亞里斯多德勸我們做個臨終習題，想像自己在一生的最後一天，會怎麼評估這一生。偶爾，我會要研討會裡的主管做個類似的習題。「想像你活到很大的年紀，壽終正寢。寫篇簡短的紀念文章，一篇你希望好友在告別式上為你宣讀的頌辭。」他們覺得很難，當然了，因為他們還在工作，還在為事業奮鬥。的確，那些不到三十歲，從來沒有近身接觸死亡的經驗，也從來沒見過任何至親好友死亡的人，無法設想這樣的情景，他們會寫出一篇奇幻故事或搞笑文章。對那些年紀較大的人來說，則必須想像自己站在生命的終點。（在他們心目中，大概是八十歲吧！）假使他們能夠從那一點回頭張望，他們會明白，許多目前耗盡他們時間和精力的事情，從比較長遠的人生角度來看，並沒有什麼重要性。他們的好朋友，在想像中的紀念文章裡，大概會略過事業的細節，而聚焦在他們曾經是什麼樣的人，放進一兩個回憶中的小故事，最後結束在他們將留下什麼樣的記憶給那些不會忘記他們的人。往往，他們是什麼人比他們做了什麼事更重要。

我在五十幾歲時也曾做過這個習題。它使我相信，花時間去創造一份讓陌生人印象深刻的履歷表，到頭來是浪費時間。我那時已經知道，我早期事業上的成就（如果它們是成就）已經被過往的歲月給吞噬了。組織的記憶力很差，不管以前對你有多熟悉，組織很快就會忘了你的臉和名字。當你回到一個地方，曾經，你的話在那裡舉足輕重，你的名字十分響亮，現在卻發現沒有人知道你是誰，沒有人認識你的名字或臉，世界上沒有多少事情會比這種經驗對你更有益了。「我曾經是這裡的主席。」我發現自己對接待人員說。接待人員唯一的回答是：「哦，真的嗎？」。塵世之名轉眼成空。

那麼，我希望身後留下什麼？留給誰？有什麼樣的個人遺產？不會是我的演講或廣播。我知道心智記憶方面的相關研究，悲哀得很，我知道我說的話，有八〇%在聽眾還沒離開座位或關掉收音機以前，就在他們腦海裡消失無蹤。我寫的書則不然。我有好幾層架子擺滿每種版本，各種語言都有。我保存它們只是為了參考，也用來紀念逝去的時光。我已經提出要求，死後要把它們全部火化，順便可以把記載榮譽學位或其他獎項的獎狀證書全部扔進去。這些只不過是生命的渣滓。有個想法我挺喜歡，就是在房子後面的田裡搭起柴堆，家人圍繞在旁邊，看著我一生的成就燒光；這是我在英國能得到最接近印度葬禮的形式了。假使那些書裡的觀念有任何價值，屆時早該被融入其他人的思考方式了，那才是我會感到自豪的一點，儘管我永遠也不會曉得哪些想法曾經觸動哪些人。

所以，忘掉多年辛苦拼湊起來的履歷吧。忘掉書。忘掉肉體的我。我將在土裡腐爛。身後什麼也不存在的想法並不會使我發愁。如果我從來沒想過在我存在以前我是什麼，那麼我何必關心以後的存在呢？在我這輩子最重視的人（家人和幾位老友）心中，我希望保留一會兒的是我這個人的某些片斷回憶。假使有不朽這回事，必定是存在其他人腦海和心裡的東西。我發現在父母死後（到現在已四分之一個世紀了），我想到、夢到他們的時候要比他們生前更多。我想到這點時，真覺得震驚。

猶太人傳統中有種活遺囑，也就是在物品和金錢之外，一個人正式把自己的信念和價值觀交給繼承人，期望在他們的生命中承續下去。我沒有辦法打腫臉自以為了不起，告訴別人應當如何過日子，但是，我寫了信給太太和兩個孩子，要他們等我死後才能拆封，我在信裡說明自己對他們每個人的希望，還有幾句話是關於我發現自己生命中最重要的事情。每年我都更新這些信。誠實的說，這些信給我的幫助比給他們更大，迫使我的思考聚焦。那是我的亞里斯多德臨終習題版本。我從來不知道我父親對生命或死亡的想法，真希望我能知道。

## 認識自我是一劑苦藥，悲劇的主角總是太晚服下它

家人笑我，說我像艾略特筆下的韋布斯特（Webster）[19]，滿腦子想的都是死亡。那是因為我跟亞里斯多德一樣，認為人只有在生命終結時才能真正評估自己的一生。我一邊預想生命的結束，一邊給自己訂下目標，要把餘生活得如想像中

的頌辭那般美好。我們大多數人不到大限臨頭下不了這個決心，再怎麼想像死亡都沒用。當我們活得正好時，大家總是希望把人生功過的結算再延後一點。認識自我可能是一劑苦藥。在大多數的悲劇裡，主角總是太晚服下它。當浮士德終於明白自己的行為有錯時，為時已晚，他死了。

這個臨終習題幫助我把注意力聚焦在真正要緊的事情上，即使我跟絕大多數的人一樣，不能總是貫徹我的決心。好消息是，人愈老就愈容易做到。雄心淡去了，對外表看來比我更成功的人的嫉妒心也淡去了。固然多半這是因為機會早就逝去，也因為此時我們已經替自己的過去和失敗找到自圓其說的理由，好過得更安心自在。我注意到，當名人在報紙專訪中被問到自己曾犯下最大的錯誤時，他們最後總是把那件事看成一個重要的學習經驗。事後回顧起來，他們都很高興自己有過這個經歷。錯誤甚至可能是個契機，促使他們走向新的方向，成為人生的

19 譯注：艾略特在〈不朽的耳語〉一詩中，說英國文藝復興時期劇作家韋布斯特「極為著魔於死亡，看到皮膚下面的顱骨……」。

轉捩點。

隨著年齡漸增，你希望討好的人愈剩愈少，因此還不如按照自己的了解去說真話，按照自己的意思去生活，只花時間跟你看重的那些人相處。聖奧古斯丁把人生看成一道誘惑的梯子，你踩著一級一級的誘惑往上爬，爬得愈高，踏破的愈多。跟其他的攀爬不同，在這裡，年紀愈大、爬得愈高，你就覺得愈輕鬆，因為大多數的誘惑早就被踹掉了。

生日那天早上我躺在那裡，我希望生命中有些事情不是那樣的。我寧願不曾把整段二十來歲的生命花在做石油公司的主管。而另一方面（凡事總是有另一面），若非如此，我就不會有從內部了解一個大型組織的親身體驗，不會在觀光客蜂擁而至之前，就享受到東南亞的悅人風情。更關鍵的是，我不會遇到伊麗莎白。我記得當我啟程去馬來亞，足足要待上三年的時候，母親跟我道別。「別擔心，」她說：「會有好材料給你寫書。」

「寫書？」我說，覺得一頭霧水。「我是去石油公司做事，不是當作家。」母親有時比我們了解自己更深。是的，事後看來她是對的。我不應該為那些歲月後悔。

偶爾我會有一點點後悔，當隨心所欲的一九六〇年代來臨時，我已經結婚，開始循規蹈矩的家庭生活，因此從來沒享受到別人據說擁有過的那種自由。如果在結婚初期自己有更多的錢，我也會很高興；但是我並沒有心理準備去做那些能賺更多錢的工作。如果我能進入某些政治活動的核心，對政府的決策發揮某種影響力，我會很高興；但我沒有心理準備去出賣靈魂，甚至出賣時間給任何政黨。沒有犧牲就沒有收穫，而我還沒準備好去做出那些犧牲。

## 盡全力做你最在行的事情

假使我能重新活一遍青少年時期，我會很高興。那些珍貴的歲月裡，我做得太少。愛爾蘭是個單調無聊的地方，而我是個單調無聊的男孩。我沒旅行，沒打球，沒對周圍的自然世界有太多興趣。另一方面，讓我的記憶再次平衡一下，我在那些單調無聊的日子看了很多書；或許那是比較適合老年人的休閒活動。我現在沒有以前那麼自私，因此我後悔自己從來不曾把手弄髒，從來沒有為窮人或失業的人做些事，只用文字描述他們。我從來不曾參加街頭運動，從來不曾加入示威遊行。我偷窺的足跡所經之處包括世界最貧窮的地區，可是我從來沒有留下來幫忙。做這些事情最好的時機是年輕的時候，那時充滿精力，不太在乎睡覺的地方或廁所的設施。但是，我那時太關注自己的未來，而非別人的未來。即使是今天，當我寫支票捐錢給某些有意義的活動時，我的雙手仍保持乾淨。我的理由是，如今的我，去了恐怕只會幫倒忙。這個說法我應該沒說錯。

或許我一向都是那樣。我再度回憶起建議我不要尋求神職的主教這麼說：「繼續留在你現在的地方，做你現在做的事。你能接觸到的人是大多數神職人員永遠不會認識的人，盡量利用這點去行善。」那是我的規避條款，從此我就用它作為理由，解釋為什麼我一直只做自己知道的事。他很可能是對的。但是，我從牧師宅邸的童年起就有一雙乾淨的手所帶給我的愧疚，現在還是會刺痛我。亞里斯多德會同意那位主教的說法，我相信。亞里斯多德的Eudaimonia（幸福）原則我會翻譯成「盡己所能，發揮所長」。我們不可能什麼事都行，不要想辦法去做一個跟你不一樣的人。我們的基因的確可以在某種程度上決定我們是什麼人。我們或許會希冀自己被生得更美，或更聰明、更有運動細胞。我們或許會想，假使我們出生在另一個社會階層，我們的生活就會不一樣，這樣想可能沒錯。這個問題唯一的解答是理髮師給我的忠告。有次我問他，要怎麼解決我的頭愈來愈禿的問題，他回答：「你應該在還沒出生前就換一對父母。」而我絕對不想那樣做。

## 「認識自己」跟「接受自己」都很難做到

羅馬詩人尤維納利斯（Juvenal）告訴我們，「認識自己」是古希臘德爾菲（Delphi）阿波羅神殿上刻的一句話。這點很難做到，但這句話的下一步「接受自己」，也一樣難做到。大概跟很多人一樣，我是可以去想像假使當初出身不同，得到不同的教養，或是早年受到較多磨練，那麼自己現在的人生也會不同。可是，不管我怎麼擠眉弄眼，我都不得不接受我在鏡子裡看到的那張臉。亞里斯多德說得簡單，他叫我們專心去做自己最擅長的工作，但是要弄清楚是哪件事，而且從此一心一意去做，這可不簡單。

假如你做得最好的事情是年輕時才辦得到的，那就特別困難。我記得有次替某個廣播節目訪問維根（Wigan）橄欖球隊的經理，當時他們是職業聯盟冠軍。

「你最大的挑戰是什麼？」我問。

他的答覆讓我很意外。「使我隊上那些年輕的明星明白，他們打球的日子不到三十歲就會結束，想辦法引導他們為另一個事業生涯重新接受訓練。」

那些年輕人做得最好的事情做不了太久。所有運動員都一樣，最好的日子很快就會過去，剩下的一輩子很可能是一路走下坡。對於能力在於管理其他人的人來說，情況也好不了太多，只不過最好的日子結束得晚一點。除非很幸運，要不然組織會要他們逐漸淡出，而他們本人卻認為自己仍在顛峰狀態。在所謂的退休階段發掘自己另一種最佳能力，可能很難。殼牌公司在我加入時告訴我，他們大多數主管在退休後十八個月內死亡。對他們來說，殼牌的日子結束後，再也沒有Eudaimonia。專業人士可能會過得好些，如果他們能以自己的專業能力獨立工作。不過，這麼做愈來愈難，因為愈來愈多專業人士需要別人為自己支付昂貴的保險，才能繼續執業，而在科技不停改變的時代，保持知識不斷更新，成本很可能很高，挑戰也很大。

## 退休是多出來的好日子，只有瘋子才不好好利用

既然現在退休的日子可以是二十年，甚至三十年，而且其中多數時間是健康的日子，我們必須把退休的概念整個翻新。顯然「退休」這個詞有問題；這是生命的另一個階段，是多出來的好日子，只有瘋子才不去好好利用。伊麗莎白和我

合寫了一本書《重新創造的生命》（*Reinvented Lives*），書裡有二十八位女性自述六十多歲時的生活是什麼樣子。孩子長大離家，父母去世，她們現在有更多時間，可以專注在自己的生活上。有的開始新的事業生涯，其中一個人和女兒合開餐館，另一個人成立國際性法律顧問公司，還有一個人成立動物慈善機構。有人決定和女性朋友好好玩樂，因為她結婚早，錯過當年的好時光。一對夫婦快樂的花費所有時間跟孫兒女在一起。有一個人首次結婚，另一個人進入第二次婚姻。其他人則有機會更專注在過去只能在零碎時間中從事的工作，因此見到綻放的成果。

所有這些故事都有一個通則，就是她們每個人都跨出正面的腳步，盡量發揮自己獲得的這些額外歲月。她們忙碌、滿足，是**Eudaimonia**的活例證。沒有一個人用退休這個字眼，只有一個人例外，那位女士抱怨自己是被迫從公司退休。對她來說，退休是別人加諸在她身上的事，而非自己的選擇。不過當她回想起來，被迫退休反而是她最大的福氣，推動她進入一個更有意思的新人生。我猜想，要不了多少時間，許多人回顧自己正式工作的階段，會像我們現在回顧大學時期一樣，變成一個塑造個人的經驗。不久前我問一個鄰居，我們都認得的一個人以前是做什麼的，好給他某種便於記憶的標籤。「我一點也不清楚，」他說：「那好像無關緊要。」那個人才六十五歲。我告訴自己，這種事已經在發生了。男性也一樣，開始在六十多歲重新改造自己。我注意到，朋友紛紛找到熱愛的新目標，有人買下葡萄園，有人開始滑雪或長途健行。其他人有的回頭唸書，利用英國的空中大學去上年輕時錯過的科目。不少人成為藝術家，展現出過去從沒見過的才華，或是拿起筆來，寫那本我們每個人都根植內心的小說。問他們以前是做什麼的，他們聳聳肩，懶得提，那些事以前很重要，現在不再能定義他們了。今天的新生活對他們更重要。沒有養育子女、正式職業的一些局限，他們可以專注在自己做得最好的事情上，盡力做好。他們找到了**Eudaimonia**，完全寫在他們臉上。

我們都應該這麼幸運；我們也可以這麼幸運。

## 做一樣的工作，只是做得比較慢

至於我，我和我的農夫朋友一樣。當我問他現在做什麼時，他早就年過七十。「一樣的工作，只是做得比較慢，」他回答。「為什麼要做不一樣的工作？這是我喜歡做的事。」我也是。我喜歡歐圖爾（我的亞里斯多德解讀人）說的約翰·傑洛姆（John Jerome）的故事。傑洛姆寫了十一本書，但二〇〇二年去世時，連在文學界和出版界都沒有激起多少波紋。他的作品在他生前從來沒有得到太多公眾的注意，儘管他對一些題材的冥思，如游泳、山、天氣，以及搭建一堵石頭牆都有想法，也寫得很好。根據他的連襟，也是《紐約客》（*New Yorker*）雜誌的作者布魯斯·麥考爾（Bruce McCall）的說法，傑洛姆曾因為金錢和名聲兩頭落空感到不好受，直到他明白自己寫作的目的是為了寫作本身的快樂。

「的確，傑洛姆的寫作看起來幾乎能補償書籍銷量不佳的遺憾，到最後，寫書和賣書兩者幾乎完全沒有關聯，他可以把寫作貢獻給最純粹的一個目的：向自己解釋自己所生活的世界。」

我的出版社可能不希望我對讀者這麼沒感覺，但是在我心裡，現在我寫作是解釋事情給自己聽，希望同時也使一些讀者感興趣。早年想登上暢銷榜的雄心如今已經消退，不過我還是頗為虛榮，如果有任何書上榜，我會開心得很。我是文字工匠，這是我的工作。回想起來，當我接近五十歲時，我重新創造我的人生，至今我尚未覺得需要再來一次那樣的大工程。書和文章的性質可能會變，出現的頻率可能會減低，演講可能變短、變少，但是就像我的農夫朋友一樣，我做的事是一樣的，只是現在做得比較慢。這樣可以給我更多時間改進烹飪的技術，跟家人朋友一起吃飯談話，去看戲、聽歌劇、參加音樂會，那些是不同類型的學習，因為我從其他人身上學到，一旦停止學習，還不如乾脆停止呼吸。這些事情並不能改變世界，也改變不了世界任何部分，但是，我很早以前就接受醫師宣誓詞（Hippocratic Oath）的那句話，向自己發誓：「最重要的是不造成任何傷害。」

錢永遠會是問題。寫作的人沒有退休金可拿，只有儲蓄。這時我就會羨慕那些在殼牌公司或其他組織好好待下去的人，他們現在不需要做任何事情，每個月都有依通貨膨脹率調整的支票自動進入銀行帳戶，不過，他們的後繼者恐怕不會有那麼好的待遇。未來多數人會發現，他們有意願、也有必要去做些賺錢的工作，以貼補政府或前雇主提供的退休金。另一方面，我們愈老，財務需求會變得愈低。不論我們創造什麼樣的活動組合，應該包含能產生收入的部分活動。除了錢很實用之外，它也能提供一種心理保障，讓我們感覺自己仍有某些價值。

當我躺在床上時，再一次體會到生命是多麼短暫，我們自以為了不起的努力拼搏是多麼渺小，然而，其中某些部分卻是多麼寶貴。整個核算下來，我明白生命對我十分優厚。有愛我的父母給我的提攜，有一雙很好的兒女，有我鍾愛的妻子，如果我有任何成就，都來自於她。我有好朋友，有健康的身體（目前還有！）。在生命的最後一小段，我還能做我愛的工作，周圍環繞著我愛的人，絕對已經超出我份內應得的東西。我不該有任何需要對世事抱持尖刻懷疑的態度。佛洛伊德之後的偉大心理學家埃西里·佛洛姆（Erich Fromm）曾經做出結論說，儘管有很多困難，「對於存在這個問題，『愛』是唯一健康正常、令人滿意的答案。」多數人在剛出發時抱著很大的希望和雄心，像我當初一樣，決心在時間的沙地上留下自己的足跡，到了最後卻安於耕耘自己的花園，像伏爾泰（Voltaire）筆下的憨第德（Candide）一樣。伏爾泰還說：「我做的事情是多麼微不足道，可是我起身去做是無比重要。」正是這樣。我躺回床上，心滿意足。

# 致謝

在安東·契科夫（Anton Chekhov）的劇本《海鷗》（*The Seagull*）裡，著名的小說家屈格林（Trigorin）說：「是啊，我愛寫作……寫東西是個享受，校訂稿件也很不錯。可是，接下來就得出版了。書一旦出版，我就受不了那本書了。那本書總是不夠好，是個錯誤，當初根本就不該寫，我覺得糟透了，心情惡劣極了。然後人家讀了會說：『是的是的，很不錯的小說，……滿引人入勝的，不過，沒有托爾斯泰那麼好。』要不然就說：『很好的作品，不過《父與子》要比它更好。』」

所有作者都能感同身受。寫書是個寂寞的行業，最後的成果誰都不能保證。

一本書從孕育到出世，每一個階段都需要支持和鼓勵。我很幸運，在威廉．海尼曼（William Heinemann）出版社幫我編這本書的編輯不只一個，而是有兩個；先是喬依．迪梅尼（Joy de Menil）幫了我大忙，整理我的思路；等她回去了美國，則由凱洛琳．奈特（Caroline Knight）十分高明的把我的草稿變成一本完整的書，細心照料，直到送進書店架上為止。之後呢，根據我過去的經驗，藍燈書屋（Random House）聲勢浩大的銷售人員會付出一切努力，讓我不至於跟屈格林有太多相同的感受。在此，我預先向他們每個人致謝。

我也一定要謝謝長期受苦的家人。他們不只要忍受家中存在一個焦慮不安的作者，並且容許我剽竊他們的生活點滴放進這本書，而沒有太多抱怨。在寫作過程中，我了解到家庭在我生命中占據至關重要的地位。我的妻子兼夥伴伊麗莎白對我的工作向來比我自己更具信心，這對我來說一直是一大力量來源。對她，我的感激沒有止盡。我希望，這本書的字裡行間能明白顯示她對我生命的一切貢獻。

最後，正如我在描寫自己生活點滴中所逐漸察覺的，有許多人曾經在我生命旅途的不同階段伴我前進，一路上不斷幫助我。我希望他們知道我說的是誰，因為我要藉這個已經遲到很久的機會，向每一個人道謝。沒有他們，我的生命將會不同。

查爾斯・韓第

諾佛克（Norfolk）與倫敦

二〇〇六年春

財經企管 BCB702

# 你拿什麼定義自己？

## 英國管理大師韓第的生命故事（經典珍藏版）

## Myself and Other More Important Matters

作者 — 查爾斯・韓第　Charles Handy
譯者 — 唐勤

總編輯 — 吳佩穎
書系主編 — 蘇鵬元
責任編輯 — 蘇鵬元、王映茹
封面設計 — 張議文

出版人 — 遠見天下文化出版股份有限公司
創辦人 — 高希均、王力行
遠見・天下文化 事業群董事長 — 高希均
事業群發行人／CEO — 王力行
天下文化社長 — 林天來
天下文化總經理 — 林芳燕
國際事務開發部兼版權中心總監 — 潘欣
法律顧問 — 理律法律事務所陳長文律師
著作權顧問 — 魏啟翔律師
社址 — 臺北市104松江路93巷1號
讀者服務專線 — 02-2662-0012｜傳真 — 02-2662-0007；02-2662-0009
電子郵件信箱 — cwpc@cwgv.com.tw
直接郵撥帳號 — 1326703-6號　遠見天下文化出版股份有限公司

電腦排版 — 李秀菊
製版廠 — 東豪印刷事業有限公司
印刷廠 — 祥峰印刷事業有限公司
裝訂廠 — 精益裝訂股份有限公司
登記證 — 局版台業字第2517號
總經銷 — 大和書報圖書股份有限公司｜電話 — 02-8990-2588
出版日期 — 2006年12月20日第一版第1次印行
2023年3月13日第二版第3次印行

國家圖書館出版品預行編目（CIP）資料

你拿什麼定義自己？：英國管理大師韓第的生命故事（經典珍藏版）／查爾斯．韓第（Charles Handy）著；唐勤譯. -- 第二版. -- 臺北市：遠見天下文化，2020.06
400面；14.8×21公分. --（財經企管；BCB702）
譯自：Myself and Other More Important Matters
ISBN 978-986-5535-22-3（精裝）

1. 韓第（Handy, Charles B.）　2. 自傳
3. 組織管理　4. 生涯規劃

784.18　　109008066



定價 — 500元
ISBN — 978-986-5535-22-3
書號 — BCB702
天下文化官網 — bookzone.cwgv.com.tw